管理就是带团队

视频学习版

带出高效团队就靠这几招

张子凡◎著

中国经济出版社
CHINA ECONOMIC PUBLISHING HOUSE
·北京·

图书在版编目（CIP）数据

管理就是带团队：带出高效团队就靠这几招：视频学习版／张子凡著．
—北京：中国经济出版社，2018.8
ISBN 978-7-5136-5226-1

Ⅰ.①管… Ⅱ.①张… Ⅲ.①企业管理—组织管理学 Ⅳ.①F272.9

中国版本图书馆 CIP 数据核字（2018）第 117169 号

责任编辑　海毅　高晓晔
责任印制　巢新强
封面设计　任燕飞设计室

出版发行　中国经济出版社
印 刷 者　北京富泰印刷有限责任公司
经 销 者　各地新华书店
开　　本　710mm×1000mm　1/16
印　　张　19.25
字　　数　246 千字
版　　次　2018 年 8 月第 1 版
印　　次　2019 年 5 月第 3 次
定　　价　58.00 元
广告经营许可证　京西工商广字第 8179 号

中国经济出版社　**网址** www.economyph.com　**社址** 北京市西城区百万庄北街 3 号　**邮编** 100037
本版图书如存在印装质量问题，请与本社发行中心联系调换（联系电话：010-68330607）

前言

做企业三件事：搭班子，定战略，带队伍。成就事业，不能没有优秀班子；基业长青，绝对离不开一流团队。

我们来观察竹子这种植物，你就会知道团队的重要性。一棵竹子是无法存活的，它必须依靠同伴群生，所以我们通常看到的都是一片竹林。对一棵竹子而言，它面对的只有死亡；若是 100 棵竹子同时生长，其力量足以撬动一座高楼大厦。可以说，团队中的每个成员只有抱团才能生存和发展，否则，这个团队面临的只有死亡。

所有的竹子都是空心的，它们之所以能够共同成长，是因为它们会借助同伴的力量。同样，团队中的成员需要的是彼此能够宽容，懂得合作，互相借力，取长补短。

竹子都是一节节生长的，每一节的生长都会有明显的节结。因此，学会分阶段总结反思，对团队成员来说，是持续发展的前提。

管理者带团队，就像竹林的管理员管理竹林一样。正如稻盛和夫将公司分为若干个阿米巴团队，每个阿米巴团队作为一个独立的利润中心，按照企业经营的方式进行独立经营。这些团队让每一位在第一线工作的员工都能成为主角，全体动员，主动参与经营，进而实现全员参与经营的目标。

在经营的过程中，每个独立的阿米巴团队管理者都要像企业总裁一样，不断鼓励团队成员为达成目标而努力。他们会逐渐把经营权下放给员工，让员工也具有经营意识，慢慢培养出下一任管理者，这就是反复提升的进化过程。

可以说，团队是一个整体，有功要一起领，有过要一起扛；团队也是一个有机组织，需要完善进化，完美蜕变。本书将手把手教给管理者如何给团队成员以方法、辅导和承诺，并辅之以物质和精神激励手段，鼓舞团队士气，引爆团队能量；同时，为管理者构建团队的进化机制，让团队去爱、去坚持、去创造、去革命，超越自我，实现从优秀到卓越的伟大转变。

本书的前一版，《管理就是带团队 1 ~ 3》，自面市以来，得到了广大读者的认可和好评。作为视频学习版，本书在力求系统性、专业性、全面性讲解的基础上，提供了 21 个视频学习专题，以便于读者有更好地阅读体验，轻松理解团队管理的相关知识。书中读者可直接在视频目录页查看对应视频，也可在阅读过程中扫描二维码观看作者对重点及难点内容的现场解读，真正做到“看得懂，学得会，用得上”，学习更落地高效。

管理者的时间有限，你只能做最重要的 20% 的事情，其他 80% 的工作应该让团队帮你解决；而你要做的，就是提升团队战斗力，提振企业经营力。把身边的“庸才”变“干将”，变“你要”为“他要”，“带”字当头，带出人心，带出业绩！

目录

第1章　团队思维：搭班子，建团队，养人才

美国钢铁大王安德鲁·卡内基曾说："如果把我公司的资金、设备、场地、客户、原料全部拿走，只留下我的管理团队，四年之后，我还是钢铁大王。"团队是企业的根基，是企业发展的保障。只要有一流的团队，你就成功了一半！

第 2 章　制度为王：没有规矩，团队就没有未来

没有规矩，不成方圆。制度是你管理团队、提升业绩的有力武器。想要掌握这个武器，不仅要制定出合理匹配的制度，管理者还要时刻身体力行，执行制度。凭借制度管理，团队就不会一盘散沙。可以说，制度是凝聚团队力量的根本保障。

第 3 章　高效执行：只强调执行力没用，你得用心培养

每家企业都在强调执行力的重要性，但是执行力还是上不去。执行力不是停留在管理者的嘴上，而是要落实到团队的行动上。并不是每一个团队在成立之初就能够做到高效执行，强大的执行力需要管理者用心培育。

第 4 章　精准授权：权力要先放出去，结果才能收回来

成功的管理者肯定不是忙得团团转的人，而是一切尽在掌握、悠然自得的人。管理者不必事无巨细充当救火队员，将大部分决策权和执行权授予团队来做，这样才能有充足的时间思考团队的前进方向。

第 5 章　共识文化：心在一起才叫团队

管理者要凝聚团队的战斗力，就需要建立一个思想统一的平台。权力再分配的基础就是上至高管，下至团队成员，都对工作有充分的共识。人在一起不叫团队，心在一起才叫团队。事实证明，那些处境艰难的公司其实就是因为缺乏共识文化而面临瘫痪。

第 6 章　情感投资：用情感的温度泡开员工的硬度

管理人性化首先注重的是管理者对员工要投入真情实感。很多员工之所以觉得企业制度和企业文化“冷冰冰”的，就是因为管理者缺乏对员工必要的情感投资。管理应该是有温度的，让员工有一种家庭式的归属感，员工才能为这个家庭去努力打拼。

第 7 章　有效激励：老板不要总是拼命，要让员工乐于玩命

如何让员工展现出更好的精神面貌？靠的就是有效激励。心理学家研究表明，一个人在正常状态下只能发挥其 30% 的能力，但如果他得到了充分的激励，那么他的能力将发挥到 90%。团队也是如此，管理者如何让员工主动跑起来的确是一门高超的管理艺术。

第8章 进化机制：因为优秀，所以要更优秀

把一支优秀的团队带成卓越的行业领军队伍，需要完善团队进化机制，在素养、协同、培训等方方面面下功夫。没有一支团队能达到完美状态，但你的团队通过进化可以做到尽善尽美。

视频目录

第 1 章

团队思维：搭班子，建团队，养人才

美国钢铁大王安德鲁·卡内基曾说："如果把我公司的资金、设备、场地、客户、原料全部拿走，只留下我的管理团队，四年之后，我还是钢铁大王。"团队是企业的根基，是企业发展的保障。只要有一流的团队，你就成功了一半！

1.1　企业不行，那是因为你没有好团队

团队强则企业强。你的企业不行，那是因为你没有一个靠谱的团队。一个有进取心的团队，是企业得以发展的关键。管理者要经常问自己，你的企业是否每天都在进步？你的团队效率是否每天都在提高？你的团队成员的精神状态如何？这些每天都容易被忽略的点滴，都直接关乎着企业的成败。

1.1.1　团队有多强，企业就能走多远

诺基亚败了，是品牌的失败，更是团队的失败。可以说，诺基亚的失败，是企业团队发展的必然。

这是诺基亚开发团队一天的状态：逛网上商店，闭门做设计，一副养尊处优的姿态。为什么会出现这样的状态？因为团队的领头人每天思考的不是如何开发应用新的产品，而是如何强化、巩固旧产品。任何创新的建议，都被管理层认为“风险太大”，而被否决。在管理层看来，诺基亚在全球占有的市场份额如此之大，所以重点就是要保持住这种份额，这就需要不断巩固已有的产品和销售链，就这么简单。因此，当移动手机大屏时代来临时，诺基亚的开发团队选择了麻木应对。诺基亚败了，败得如此惨烈，市场份额被苹果手机、三星手机“霸道”地挤占，呈断崖式下降。而这一切，归咎于诺基亚严重的内部管理问题。诺基亚的团队已经习惯了坐

在往日的功劳簿上沾沾自喜，他们一直宣传着“科技，以人为本”的理念，却本能地排斥“以用户为中心”的体验市场。

移动互联网时代，创新是经济的引擎。企业要创新，一个肯学习、敢于尝试的团队是基础。苹果公司、华为集团、小米公司的崛起都向我们证明了，如果一个团队停下了学习与创新的脚步，那么企业的生机也就枯萎了。诺基亚的失败就是最好的例证。

1.1.2 好团队类型，你知道吗

一个团队要成长，首先应该注意搭建架构。如果结构不合理，那么只知道搭班子也是徒劳的。因此，功能型结构团队，是近几年比较流行的团队类型，而功能型结构团队又分为以下两种：

（1）功能矩阵团队。功能矩阵团队是指主要成员嵌入到各个部门当中，团队成员与业务相配合，从而驱动业务增长。领英（Linkedln）是美国的一个高端职场社交平台。领英的核心团队诞生于2004年，由工程师、市场开发、数据统计、营销等方面的人员组成，如图1－1所示。而他们的部门则由产品经理、数据分析师、销售专员构成。每一位成员都嵌入到公司的分部门，成为本部门的操盘手，因此大大提高了团队效率。这样做的优势在于，可以最大限度地收获更多的用户。

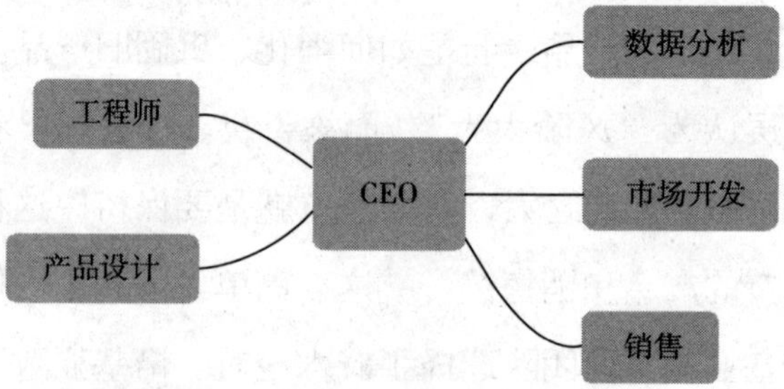

图1－1 功能矩阵团队

（2）功能分布团队。功能分布团队与功能矩阵团队不同的是，这个团队的成员多是在一个独立的部门中，而不是嵌入到其他业务部门。Facebook 团队专门成立了一个大部门。这个部门共有三条产品线，每条产品线里都包含工程师、数据分析师、产品经理和设计师，如图 1 – 2 所示。通过这种方式运营的团队，可以快速整合数据，而不是在各个业务线之外进行分析。

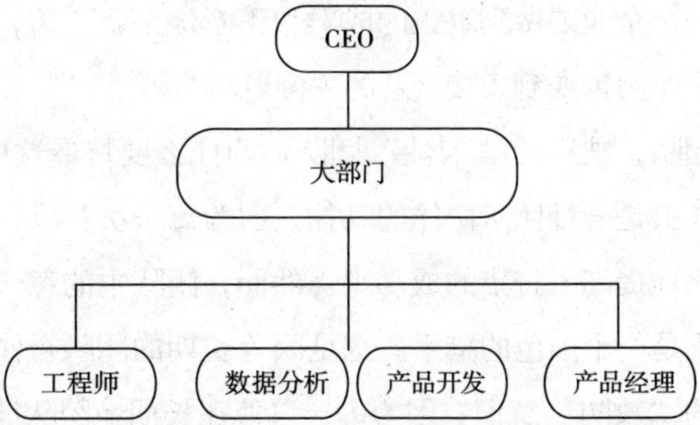

图 1 – 2　功能分布团队

那么，你的企业应该选择哪种团队结构呢？这就可以从以下两点考虑：（1）用户。用户的构成是否需要单独成立部门去维护。如果需要，那么就采用功能矩阵型；如果不需要，则采用功能分布型。（2）数据。用户数据的使用、保存、变现是否需要单独成立部门去整合。如果需要，那么就采用功能矩阵型；如果不需要，则采用功能分布型。

1.1.3　企业的成功，一定是团队的成功

京东 CEO 刘强东曾经说过，团队是一个企业的基础。企业不行，归根结底就是人不行。成功企业的老板会把大部分时间用在招募核心团队上。雷军花了很多的时间来寻找合伙人，这些人擅长软件、营销、工业设计、供应链、资本筹措等各个领域，因此，成就了小米。用雷军的话说，小米

作为一家互联网公司，要求核心团队要有极强的学习能力，并且抗压能力强。他懂得企业要想活下来并发展，就必须依靠团队中每一个人的经营能力。所以，雷军曾说：“小米的成功，是整个小米团队的成功；如果小米出现了亏损，也一定是团队出了问题。”

和人一样，企业也有成长的生命周期，无论是初创、正规化阶段后，还是精细化阶段，团队都是直接决定着企业是会继续发展还是走向衰退的关键因素。一个企业要做到真正的成熟和不断地自我完善，主要靠的就是团队，这是企业由量变到质变飞跃的关键点。

华为的团队，被称为“狼性”团队。为什么要打造这样一支团队呢？任正非认为，狼是一种团队协作的动物，因为每一次打猎，狼都是倾巢而动，这样大大地提高了狩猎的成功率。然而，团队中的每一头狼，如果单列出来，又都是一个出色的猎手。这是因为长期的团队合作，早已经训练了它们出色的“攻防”意识。因为每一只狼在长期地团队捕猎中，都在互相模仿，互相学习队友的优势，取长补短。因此，“狼性”团队，应该是可以让个体在实践中不断进步的团队，而不是湮没个体的团队。华为还崇尚“火车头”的团队建设理念，要想火车跑得更快，关键是要选出几个火车头，火车头带动后面的团队成员，组成一支在工作中能够互相学习借鉴的精英团队，这些团队就是华为打赢未来市场竞争的先锋。

可以说，企业的每一个发展阶段，都离不开团队的支撑。没有好的团队，企业寸步难行。企业管理者如果没有团队思维，仅仅依靠过往的靠个别精英来带动企业发展，其成就一定有限；一旦精英离开，企业可能就此沉沦。所以，精英很重要，团队更重要；培养精英，更要培养精英团队。

1.2 不居功、不诿过，这样的管理才让人服气

《菜根谭》中说："当与人同过，不当与人同功，同功则相忌；可与人共患难，不可与人共安乐，安乐则相仇。"所以，作为老板，要带领好你的团队，就应该有与团队共同承担过失的雅量，也应该有与团队共渡难关的胸襟。

1.2.1 管理者的"争"与"不争"

某大型集团的运营经理，与他的团队一起拼业绩，工作中大家互相扶持，群策群力，半年后，他们的项目终于顺利完成了。上级决定来视察这个团队，但是这位运营经理却把功劳都记在自己身上，和领导汇报的都是自己加了多少班，做了多少工作，就好像项目光靠他一己之力就完成了。上级对他的表现当然是十分满意，于是在集团内部给了他一次通报表扬，又给了他非常丰厚的奖金。

但他的团队成员们却非常不满："明明是大家和经理一起加班加点才完成的这个项目，怎么到最后却成了他一个人的功劳？"从那时候开始，这个团队的下属们工作开始涣散，因为大家想的是：反正干好干坏，都是这位经理的，和自己有什么关系呢？甚至还有人给上级写检举信，揭发这位经理的错误，该经理已经完全失去了对其团队的控制。

成功的管理者懂得"舍得"的道理。当管理者学会了推功揽过这一手

段，才能真正地凝聚人心。老子曾说：“夫唯不争，故天下莫能与之争。”就是这个道理。

哈佛大学肯尼迪政治学院的哈斯教授说，一个组织的成功，往往靠三点：推功、揽过和成人之美，而要做到这三点却并非易事，也非常人可以做得到、做得好。管理者的“推功、揽过和成人之美”则更能显示其宽广的胸襟和高尚的品格，同时，也是成就事业的重要因素。

“皮之不存，毛将焉附?”一个团队，出了问题就把责任推给别人，或者别人出了问题就认为和自己无关，这样的团队无疑是缺乏竞争力、缺少凝聚力的。管理者或者领导者应该做的，就是要勇于承担责任，并将这种“揽过”的精神渗透到每个人的心中，营造“人人敢于担当、个个勇于负责”这样一种积极向上的氛围。

而“成人之美”则是一种向善之心、造才之智。无论是管理者还是领导者在团队之中不仅应该身先士卒、为人表率、严格管理、科学领导，更应该努力为下属创造条件，愿做铺路石、甘为扶人梯，要让人才脱颖而出，更使俊杰适得其所，这样才能培养和造就一个生机勃勃、攻坚克难的团队组织。

企业管理者要管好自己的团队，要懂得“三争”和“三不争”。

“三争”指的是争时间、争责任、争努力，如图 1 -3 所示。

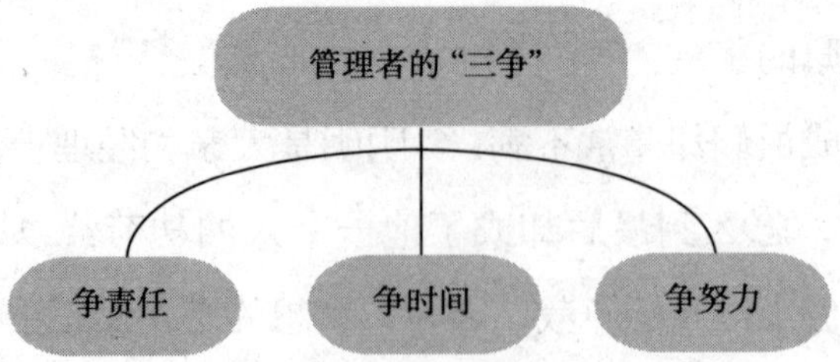

图 1 -3　管理者的“三争”

首先，争责任。这里的责任有两个内涵，第一个是责任心，对企业、对员工要有责任心，这点对企业管理者十分重要。前文中的运营经理，是缺乏责任心的表现。管理者有责任心，才能更好地带领团队工作。

第二个内涵是要与下属争责任。在带领团队工作时，无论团队给你怎样的建议和参考，最后的决策者都是你。因为，这个决策无论是对还是错，你都是主要责任人。出了问题，不要总想着把责任推卸到下属身上，而是要学着多担当。这样就会让下属看到你的胸襟和气度。

工作中，积极地争责、争时、争力，就能在工作过程中和工作结果上给老板带来惊喜。当老板看到一个比其他员工更努力、更懂得利用自己的时间、更有责任心、更能担责任的员工，自然会重点提拔，多给他机会。

其次，争时间。作为管理者，要加强自己的时间观念，最大限度地利用好自己的时间。做同样的事情，在质量相同的情况下，比同事用的时间少，就是能力和努力的表现。这里面体现的是管理者的诚信。在时间上食言的管理者，老板是难以容忍的。

最后，要争努力。王健林每天7点半就到公司了；稻盛和夫直到50岁还要和自己的员工加班到凌晨。这些都是老板“争努力”的表现。这会让员工觉得，老板都这样做，我们还有什么怨言呢？和老板一起拼命，就会成为团队的光荣。

除了“三争”外，还有“三不争”，如图1－4所示。

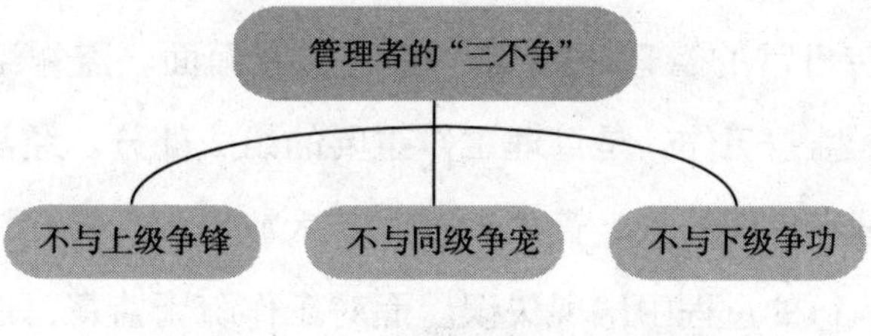

图章1－4　管理者的“三不争”

不与上级争锋。对于很多中层管理者而言，不与上级争锋，一是要维护好上级的权威，二是要懂得“韬光养晦”之道。中层管理者最容易犯的错误，就是在上级面前过分自负，自以为是，最后断送的是自己的前程。

不与同级争宠。同级之间，或者说两个部门之间，有竞争，也有合作，但从同一企业内部来讲，合作远远大于竞争。很多管理者为了能够在领导面前表现自己，就贬低别人，甚至无中生有、造谣生事，最后真相大白，全都是一场空。因此，不要与同级争宠，损人不利己。

不与下级争功。与下属争功可以说是领导者的大忌，领导为什么对荣誉有所吝啬呢？古人说，“士为知己者死，女为悦己者容。”其实领导者最需要的就是格局，懂得推功揽过，而不是争功诿过。

1.2.2 推功揽过，一个都不能少

那么对于管理者，在具体工作中，应该怎样推功揽过呢？

（1）对于失误的决策，要主动承担责任。

在企业中，团队成员有建议权和推荐权，而最终的决策权始终在管理者手中。那么在管理过程中，企业管理者的决策有了失误，如果一味地把责任都推给员工，认为是其他成员的建议错了，这对团队成员是不公平的。很多时候，员工的建议出现问题，跟管理者的决策是有关系的，这时候，管理者应该主动站出来，承认自身的责任。

（2）监督过程出现错误，要主动承担责任。

管理者要在日常的管理中监督企业的方方面面。监督工作，既是责任，也是义务。监督工作，是管理工作重要的组成部分。经常出现这样的情况：深受管理者信任的人，管理者就对其大放自由，安心放权，最终导致员工在工作执行的过程中出现失误。而对工作疏于监督，最终会导致没有及时发现执行中出现的问题。在这种情况下，管理者必须承担自身的责任。

日本零售业巨头“八佰伴”的破产，曾经让很多人叹息。八佰伴是二

战后在日本崛起的第一批拥有国际知名度的企业。曾经被视为“阿信精神”的典范。前总裁和田一夫在回首往事总结教训时说：“温情有时是致命伤。如果当年我能拿出勇气，撤换弟弟，不让他当董事长，也许八佰伴就不会倒闭。”和田一夫非常同意当初媒体的一些评论：作为一家家族式的企业，八佰伴没有正确地进行人事管理。

和田一夫觉得自己年纪大了，就把企业放手交给自己的弟弟，而他也没有起到有效的监督作用。他的弟弟在就任董事长后，盲目扩张企业版图，这引起了很多公司元老的警觉，但是和田一夫认为，一朝天子一朝臣，作为公司的领头人，必须维护其决策的权威性，不能随意推翻，这最终导致了八佰伴的衰落。

不管是推功还是揽过，管理者都要有长远的眼光，管理一个企业和操持一个大家庭是一样的。居功诿过，那是为一时痛快而消费企业的未来。所以我们要明白，推功可以收获人心，而揽过则会使自己更得人心，这样的管理者，虽然可能会失去一时的光环，但总有一天会得到成倍的效果。

1.3 不吼不叫搞定你的团队

如何有效地管理自己的团队，是很多管理者关心的问题。很多企业老板喜欢情绪激烈、声色俱厉地对待自己的下属，出现问题就扯破嗓子、又吼又叫，这种管理方式非常不可取。团队管理要突出人性化，不能以教训的口吻对待下属，而应该平心静气地搞定你的团队。

1.3.1 沉稳处事，切忌咋咋呼呼

一家玩具销售公司的总经理，平时就总爱对下属发脾气，但他认为自己没有错。然而，在一次乱发脾气后，他却“赶”走了自家的一位销售精英。

一天，这位总经理的心情很不好，原因是昨天接到了客户的退单，他带着满腔怨气来到了办公室，看到销售经理正和下属们有说有笑，这使他更恼火了：“XXX 经理，公司是让你来工作的，你却在这儿又说又笑。”

这位销售经理看到总经理语气严厉，就对他说：“总经理，我正在安排他们今天的工作呢。”

这位销售经理感到很委屈，难道安排工作非要非常严肃才行吗？“看你那眉飞色舞的样子，像是在安排工作吗？”总经理越吼越凶。

这位销售经理没想到，他来到公司工作快 5 年了，整日为公司打拼，却还要受这样的窝囊气，销售经理最后实在受不了了，就和总经理吵了起来。最终的结果，这位销售经理一气之下辞了职，投奔到了竞争对手的公

司，同时还带走了几个大客户，处处与原公司作对。

事后这位总经理非常后悔，因为这次的退单本身和这位销售经理无关，自己却把无名火发泄在他的身上，而且还给公司带来了严重的损失。

在企业管理中，很多问题是我们始料未及的，很多突发事件也是无法避免的。作为领导者，如果遇到问题就情绪激烈，咋咋呼呼，没了方寸，那么员工就会更加紧张。因此，管理者在管理过程中，一定要沉稳，不慌不乱，更不要随意把“无名之火”发泄到下属身上。

无论是企业老板、部门经理，还是团队主管，在能力方面，都有其优势和长处，但都必须要具备很强的情绪控制能力，这样才能做好与下属的沟通，营造好公司的氛围。

作为管理者，其情绪就是企业氛围的风向标，它会直接影响一个部门、一个团队的气氛。情绪好时，员工的工作就会非常积极，管理者的每一项指令也必定会得到完整的贯彻和执行。但是当管理者的情绪起伏较大，甚至非常糟糕时，所有的下属也都会心生忐忑，怕你发泄到他的头上。这样的氛围，团队还怎么发挥其活力呢？

因此，团队的领导者要学会把控情绪。这个度要掌握好，切记不能随便发脾气，但也不能没有脾气——走两个极端都是错误的。在控制情绪方面，管理者需具备“七要素”，如图1-5所示。

图1-5　管理者需具备“七要素”

感到愤怒时，立即停止工作，可以去外面散散步，等到情绪稳定后，再处理工作，这样发脾气的概率就会减小。

（1）在批评下属前，先要理清问题的思路，想好了再谈。

（2）批评要有针对性，事态的性质不同，批评方法也不同。

（3）批评原则要坚持对事不对人，即否定他的错误，但不要否定他个人，甚至有时候，还要首先肯定他个人以往的成绩。

（4）批评要注意保护下属的自尊，尽可能单独谈话。不要得理不饶人，要给下属充分的改正机会。

（5）在与下属解决问题时，不要宣泄自己的情绪，而是要让下属了解自身问题，及时改正。如果管理者肆意宣泄情绪，整个团队都会不安。所以在解决问题的过程中，要时刻注意调节自我情绪。

（6）权力再大、职位再高的管理者，其与员工的人格始终是平等的，谁也没有对他人大发脾气的特权——虽然多数员工会默许上司有这个权力，但管理者要慎用而非滥用。

（7）每临大事有静气，管理者一定要注意自己的情绪和态度。脾气要控制，态度要适当，不上纲上线，不夸大错误，不要将责任扣到别人的头上，才是好领导。

1.3.2 做一个被认同的领导者

仅仅依靠职位和权力，是无法收到良好的管理效果的，一个管理者，不该让员工恐惧，而应该获得员工的高度认同。管理者应该通过团队认同，来发挥作用。“认同”指的是被领导者自身允许领导者来对其进行管理，也就是一种人们在没有义务的时候仍然为领导者做事的状态。

视频 1 无形的激励比有形的给予更能得到员工的认同

扫描下方二维码观看视频，告诉你如何赢得员工认同。

那么，如何能得到认同呢？需要做到以下几点，如图1－6所示。

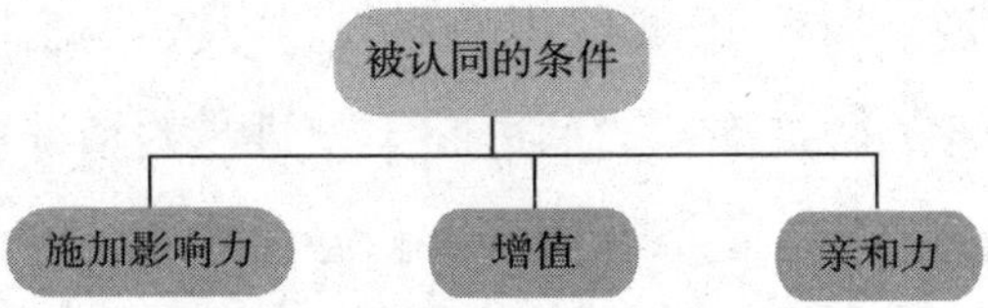

图1－6　被认同的条件

（1）施加影响力。

海尔总裁张瑞敏谈到自己在公司所起的作用时说："我在企业里扮演两个角色，一个是设计师，一个是牧师。"设计师，就是带领海尔的员工，朝着每一个目标前进；而牧师，则是传道授业解惑。在张瑞敏看来，只会发布命令的领导者是不称职的，而他必须可以影响到员工的价值观，才能让海尔在商界的风云变幻中站住脚。

每次领导者的领导力提升一个层次，他们的影响力也会随之增加，影响力的过程开始于第二层次，也就是领导力从命令到认同的转变。

（2）增值。

微软公司的产品如此盛行，和微软内部技术团队的创意和努力是分不开的。为了服务员工，让员工与企业共同成长，微软实行将技术过硬的工作人员直接推上管理层的做法。然而，对于那些只想达到技术巅峰，而对企业管理不感兴趣的人来说，这种激励方式没有什么吸引力。后来，微软又在技术部门里专门设立了技术晋升渠道，并给予他们与管理层次的员工同等水平的工资报酬。此外，微软还为每个岗位设立了“技术级别”，以达到对技术人员激励的作用。

领导者需要明白，为他人“增值”，即通过服务他人来提升他人的价值。

（3）亲和力。

亲和力，要求管理者不以势压人，并做到措辞柔和，不伤害职工的人格和尊严。俗话说，“树怕伤根，人怕伤心。”其实，工作中领导一句肯定的话语，一个会意的微笑都是“后进职工”进步的精神食粮。为此，领导要善于发现“后进职工”的闪光点，并耐心去培养，使之不断发扬，逐渐完善自我。

管理团队，是一个循序渐进的过程，而非静止。而动态的企业管理，需要领导力，因为只有领导力才能处理好企业员工与这种动态的关系。在企业的成长过程中，会不断地经历坎坷和挫折，而唯有领导者不断地向更高的层次迈进，才能使企业走得更好、更远。

1.4 让下属时常刷刷存在感

团队要做出成绩，首先必须要让团队成员获得存在感。不要因为团队协作，而让个人存在感和获得感缺失，毕竟团队是由每个人组成的。因此，让员工时常刷刷存在感，建立一套可以让员工自我表达和自我实现的机制，对团队管理来说也非常重要。

1.4.1 盛大：讲道理，我们是认真的

盛大集团早年以游戏崛起，而后又经营网络文学，当年经营传奇的盛大，打造网络文学平台依然是首屈一指，靠什么？盛大的答案：年轻人。

在盛大，大多数团队都由一群年纪在 25 岁左右的青年组成，青年人非常注重企业内部对自己个性的尊重，这是这个年龄段的人所具有的特质决定的。

这代人，多数都是独生子，他们有鲜明的个性，工作对于他们来说并不是“一口饭”，他们会在意工作环境，在意企业是否公平对待他们，在意自己的存在感是否强烈。因此，他们拥有很多新鲜的创意，每个人都有很多想法。

这让盛大集团成立之初就形成了一种“讲道理”文化。这种文化要求公司上下，无论是管理人员还是普通员工，做决策时都要依靠规范的民主、严谨的逻辑和准确的数据来说服大家去接受自己的方案（如图 1－7

所示），而不是简单的下级必须服从上级。当然，最后的决策权，还是掌握在公司最高决策人手里，但也必须是在多数人已经接受的前提下做出决策。

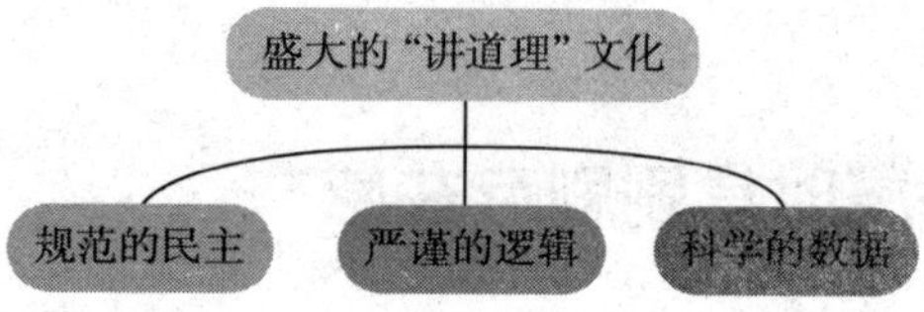

图 1－7 盛大的“讲道理”文化

在盛大，员工的命运掌握在自己的手里，盛大完全没有所谓的“办公室政治”，每个人做好自己的事情就可以了，升职加薪，自有考核制度说话。

让员工获得存在感、获得感，需要的是上下级之间积极沟通、积极创新、充满乐趣的工作氛围。这样的机制如何创建？就是要鼓励员工勇敢提出自己的想法，并给予以明确的回报，所谓“重赏之下，必有勇夫”，勇于表达自我的企业沟通机制就能够建立起来。

1.4.2 韩都衣舍——让员工觉得自己很重要

韩都衣舍是一家专门销售韩国时尚产品的网购平台，他们在团队建设和管理方面有着“独门绝技”。

与盛大类似，韩都衣舍的员工也多为“90 后”，他们的想法是，我宁可失业，也不想被忽略。年轻的员工在企业里是非常注重参与感的，而不是传统企业的那一套灌输和命令。

韩都衣舍在网购平台上，平均一周有两到三款新产品，但他们的供应链却从来没有出过问题，这是因为企业让员工觉得自己很重要。

在日常管理上，员工的工作时间非常弹性，平时还有家长接待日、周年庆、与高管面对面、年会等活动；还有很多奖励项：年终奖、金冠奖；

公司内部甚至还有 60 多个俱乐部，俱乐部成员会组织很多活动，必须人人都参加。

韩都衣舍的办公环境设计全由员工 DIY，20 多岁的人对环境和品牌有非常强烈的认同感。韩都衣舍给年轻员工提供了刷存在感的环境。同时，韩都衣舍还采用了阿米巴式的独立运营小组模式。三个人组成一个独立的核算小组：摄影师、设计师、运营，大家一起商量产品的设计和定价，所得利润除了支付公司运营费用之外，全部由小组成员决定分配，这样的小组在韩都衣舍有上百个，这就是员工的存在感。

让员工拥有存在感的方法有很多，但最重要的是要注重员工职业发展规划、重视内部人才培养。企业要了解员工的自我实现需求，并合理地进行人物设置，再动员、调动大家的决心，完成该项工作后，员工就会得到自我实现的满足。

好的工作任务本身就能提升员工的存在感。美国心理学家赫茨伯格的“因素理论”就完美诠释了这个观点。他在调查中发现，要让员工的存在感增强，其工作本身就要富有成就感，得到认可。这些因素的满足，能够极大地激发员工的热情，对于员工的行为动机具有积极的促进作用。

研究表明，这些因素如果解决不好，也会引起员工的不满，它虽无关大局，却能严重影响工作的效率。因此，赫茨伯格把这种因素称为“激励因素”。

1.4.3 如何塑造员工存在感

在一个执行力较强的团队里，每位成员都非常重视存在感，强调自己存在的价值，强调自己在团队中的贡献。因此，管理者要顺势而为，要让员工知道，每个人都不能被忽视。

任何一个企业的成功，都需要每一个员工全力付出和高效执行，这样才能达成企业的目标，才能实现个人的价值和个人的收益。那么，如何在企业里打造员工的存在感呢？如图 1－8 所示。

图 1－8 存在感的塑造

（1）持续曝光。

持续曝光，指的是管理者要让团队成员在企业里持续曝光，要让他们的名字都广为人知，不要让他们觉得自己是一个无名小卒，这一点非常重要。

（2）推向前台。

管理者要善于把员工推向前台，尤其是企业各个层面的管理人员，一定要有一种搭台唱戏的责任感。作为一个管理者，首先你要为你的员工，为你的下属搭配，给他们搭建好平台，让他们有施展才华的机会。

（3）点赞激励。

要在领导面前不断表扬你的员工。在很多项目里，或者是在每天的工作汇报群里，当员工取得很多成绩的时候，管理者要形成一种习惯，即让团队中的其他成员给这个员工点赞，给他鼓励，这样他的存在感会更充足。

（4）适度放大。

另外一个增加存在感的技巧称为“适度放大”，适度放大员工的成绩，尤其适合那些在团队里并不是十分优秀的人，或者是取得一些小成绩的人。这些人往往信心不足，或者是自我认知不足，当你用“适度放大”的方式去鼓励他，表扬他时，他的存在感就会瞬间爆棚。

懂得让员工刷存在感，管理者首先要做的就是去关注，走出办公室，多观察你的员工，这样才能发现他们在工作细节中的出彩点。管理者要明白，正是员工的这些出彩点，才绘制出了整个企业向上的蓝图，如此才能让员工更加融入公司，对企业也就会更加忠心耿耿。

1.5 人才：行走的 ATM

对团队的管理终究是对人的管理。团队建设归根结底是人才建设。人才对于企业来说并不仅仅只是资本，更是资源，拥有人才队伍，就相当于携带了一架可移动的自动提款机。人才队伍给企业带来的有形和无形的财富，是取之不尽、用之不竭的。

视频 2 “搭班子”的三个要点：养德，养才，相互补板

扫描下方二维码观看视频，告诉你如何搭建精英团队。

1.5.1 斜杠青年，多样人才

某大型民营企业，花重金从猎头公司聘请了一位曾经在多家外企担任职业经理人的刘先生，当初这个决定遭到了集团内部部分高管和股东的反对，因为此经理人的工作履历显示，他的工作表现平平，在外资企业期间，并没有什么优秀的成绩，所以这个职位的待遇和他的能力完全不匹配。

但是，包括集团老总在内的多位高管却不这么看。企业近年来发展迅速，正打算进军海外市场，扩大版图，同时还需要找到适合的融资渠道。这位职业经理人虽然工作能力平平，但凭借多年的外企工作经验，以及积累的丰富的人脉资源，这对集团下一步的战略规划是非常重要的。

果不其然，这位职业经理人在上任不到半年的时间内，就找到了一家海外风投公司，为集团在澳大利亚即将设立的分公司提供了 2000 万美元的融资。在签约仪式上，这家风投公司的 CEO 亲自出席，并对这家集团的老总说，我们对贵公司之前的业务并不熟悉，但是我们信任刘先生，凭借他在业内多年的口碑，我们认为我们的选择不会错，我们的事业也一定会成功的。

由于现在人力资源发展越加精细化，很多企业在人才竞争中，往往偏重于某项能力是否出众，而忽略人才的综合能力。实际上，包括人脉、口才、自信等方面的人才更加必不可少。

现在网络上有一个流行词叫作“斜杠青年”，比喻那些具备多项职业技能和能力的人才，这样的人才，虽然在某项具体的业务能力上并不是很突出，但在综合能力上，却胜过其他人。实际上，对于一个团队来讲，专精人才必不可少，而综合性人才更加不可或缺。因此，企业在团队组建过程中，是需要寻找这样“博而不精”的人才的。关键是，我们要在团队搭建上，整合人才体系，抓住人才建设的关键。

1.5.2 了解人才的分布和能力

整合人才体系的重中之重，就是根据团队建设的实际来决策。了解公司内部以及同行业的人才供需情况，对于有效分配人才资源、判断将来的人才的流动情况和能力需求，以及指定企业战略都非常重要。

例如，某公司岗位由于老员工退休的关系导致人才流失和某种技能的缺失，那么这家公司就可以从人才市场中请那些同岗位职业经验丰富的退休人员来公司进行兼职，或者招收有相似能力的高级人员。无论做出哪种选择，企业都需要可靠的数据与信息才能做出明智决策。对许多公司来说，分析数据和资料会因为多种因素而受到制约。人力资源系统的不完整、数据的缺失和资源有限等因素都限制了很多企业无法针对内外部人才做出明智决策。

因此，对许多企业来说，管理者一定要基于公司的经济情况做出人才战略决策。如图 1－9 所示为 2017 年第二季度全国全行业人才需求与供给分布图。

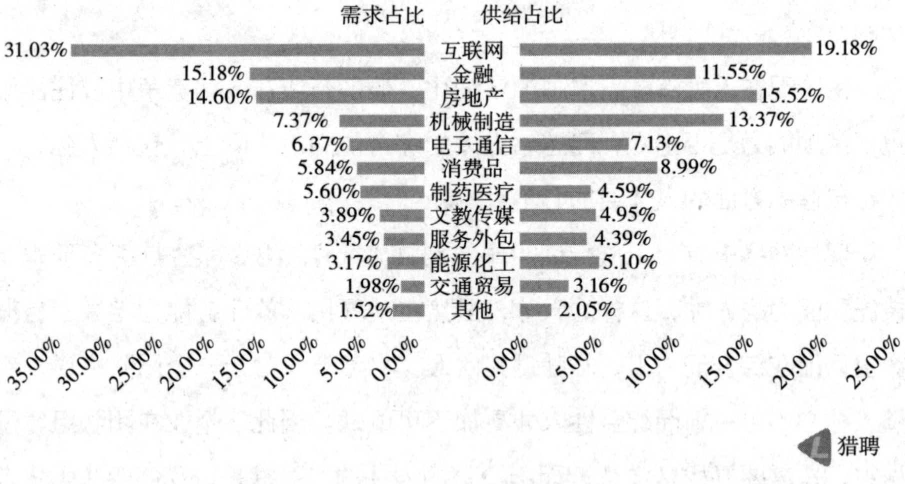

图 1－9　2017 年第二季度全国全行业人才需求与供给分布

（来源：猎聘网大数据研究中心）

1.5.3 评估未来人才供需情况

仅仅是了解人才的现状是不够的，还要了解未来的人才需求。在人才需求方面，很多企业都试图将企业战略和人才需求结合起来，但往往事与愿违。我们看到更多的是公司战略与人才需求之间产生的严重脱节。

如果要全面解决业务战略对人才需求的脱节问题，企业首先要解决以下三个方面的问题，如图1－10所示。

图1－10 企业需解决的三大问题

（1）保障。公司是否有足够的物质保障，以提供足够的员工来执行企业战略。

（2）能力。公司的管理层是否具备业务技能和能力，带领员工切实执行战略。

（3）文化。企业的文化和价值观是否能够支撑战略的发展和实施。

人才分布的动态流动和业务周期性的持续变化，都要求企业了解人才的需求和供给。另外，公司不仅需要考虑本公司战略，还需要考虑职介机构、猎头公司等第三方提供的技能建议。

1.5.4 增强对整个组织知识的了解和应用

麻省理工学院教授汤姆·艾伦经过十几年对上千家公司进行调查后发现，与查看企业数据或纸质文件等非个人信息相比，高级人才更倾向于寻求同事、商业伙伴、朋友的个人信息来源，而且后者的发生率是前者的五倍多。

这项调查证明，一些非正式关系其人脉资源在获取信息、解决问题以及完成工作方面具有重要作用。移动互联网的发展，如微信、微博和钉钉等新社交平台的出现，帮助企业增强了对人才资源的可视性。

通过社交这一气氛轻松的环境，获得信息反馈，这些工具可帮助企业的 HR 建立“人才朋友圈”的平台（如图 1 – 11 所示），大大提高了传统的技能管理活动能力。此外，在企业内部的定期聚餐时，讨论大家感兴趣的话题，对维持公司内部的资源和信息流动也起着重要作用。

图 1 – 11　人才朋友圈

1.5.5　对员工绩效进行考核并提供适当反馈

要在工作中发现人才，培养人才，就一定要对员工的日常行为进行记录和观察，其切入点就是对员工的绩效考核进行反馈。接受绩效考核的员工数量越多，企业的盈利能力越强。

为了获得这种能力，公司必须创建完善的绩效管理体系。公司应通过流程作业来对每一个部门和岗位进行绩效考核，并定期对考核结果做出评估和反馈。绩效考核的反馈还体现在应积极为优秀员工创造晋升机会。其中包括为员工提供一定的薪酬激励制度和职业发展规划。

在制订绩效考核前，企业首先要解决以下几个问题：

（1）企业战略与考核目标是否一致？

（2）考核目标的制订是否有利于员工能力的提升？

（3）考核如何帮助员工实现业绩增长？

（4）薪酬标准如何与绩效挂钩？

1.5.6　在企业中实施人才团队的转型

要想培养能够适应变化的人才团队，还应注重以下三个方面：

首先，团队协作要对企业领导的决策施加影响力。一方面，企业领导做出的决策要经过团队的实践才能实现，因此，领导决策必须包涵团队的意见。另一方面，企业领导要针对团队的特点和优势，进行科学和实际的决策，不能制定不符合实际的高指标、高标准。

其次，绩效考核要公平、透明，考核标准要一视同仁，才能让考核制度更加容易推行，才能更好地避免员工的反弹，考核体系才能更加稳定。

最后，公司与团队之间必须培养信任感，管理者只有凭借员工的信任，才能对公司的决策进行正面宣传，并且能够获取真实有效的反馈意见。如果企业领导者不能投入到员工的培养、激励与沟通中，公司的转型是不可能成功的。

企业管理注重以人为本，而人才掌握着专业的知识、丰富的信息、娴熟的技术，因此要获取人才资源的优势，必须顺应人才的发展趋势。不断充实和填补企业的人才库存，激发人才的潜力，企业才能提高其经济效益，在激烈的市场竞争中立于不败之地。

1.6 找到你的黄金操盘手

蛇无头不行，鸟无头不飞。对于一个团队来说，带头人至关重要。带头人是企业的黄金操盘手，能够有效执行企业战略，让企业闪闪发光。成功的团队，其带头人都是立场坚定、目标明确的。那么，带头人应该具备怎样的素质和能力呢?

1.6.1 什么是操盘手精神

一个人的力量永远是渺小的，一个团队的力量则是无限的。而在一个团队中，可以带领成员勇往直前，像狼群中的“头狼”一样的存在，其就是团队带头人。企业要实施战略升级，就要对企业文化进行提升，提倡这种头狼式的操盘手精神。

操盘手要给公司带来质的变化，就像头狼给狼群带来的变化一样。一个狼群如果群龙无首，就是一群乌合之众。人们常说一只狼也许敌不过一只雄狮，但一群狼却可天下无敌，这个时候，狼群需要头狼，它要有担当、能独立指挥每一次战斗。头狼对于团队的发展起到了决定性的作用。

那么，什么样的人适合做团队的操盘手呢？操盘手需要的特质，如图1－12所示。

（1）能够确定团队方向。

操盘手一定是能够确定团队奋斗方向，并带领团队坚持走下去的人。

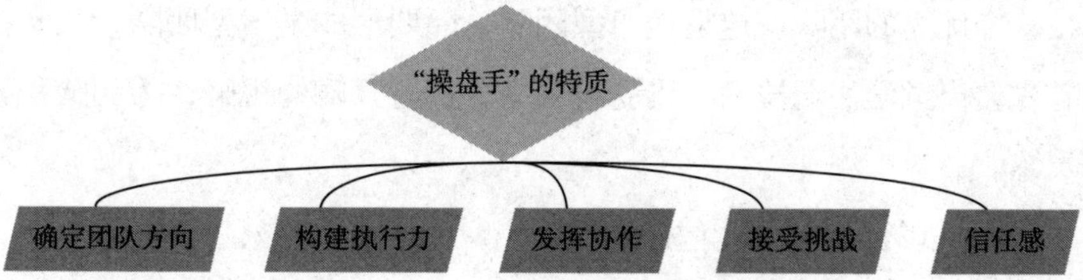

图 1－12 “操盘手”的特质

一个团队没有方向，就失去了灵魂，也就缺乏工作的标准，如何分配任务、如何定考核标准，如何严格执行考核，都要靠黄金操盘手的组织能力。只有确定了团队的奋斗方向，才能掌控全局。

（2）能够构建执行力文化。

每个企业都有它独到的企业文化，而企业文化的核心在于执行，黄金操盘手能够凝聚共识，统一思想。

团队是由多个角色构成的，每个角色都有其岗位职责和目标的分解，每个角色的执行力取决于黄金操盘手的号召力。在“狼性”的团队中，秩序非常重要，没有任何借口，必须坚决执行。

（3）能够合作发挥集体协作作用。

狼群是靠团队里的成员默契配合协作的。一个团队的成功必须要靠团队协作精神和团结协作能力，而不是相互推诿责任。只有依靠团结的力量，才能把个人和集体集合起来，发挥集体的协作作用。因此团队必须建立良好、和谐的工作环境和人际关系。

（4）能够带领团队不断学习、接受挑战。

任正非说：技术培训主要靠自己努力，而不是天天听别人讲课。其实每个岗位天天都在接受培训，培训无处不在、无时不有。

成功者都主要靠自己努力学习，成为有效的学习者，而不是被动的被灌输者，要不断刻苦学习提高自己的水平。

一个优秀的团队一定是学习型团队，而要形成学习型团队，团队操盘手首先要自觉学习新技术、接受新观念，拥有开阔的视野，为团队积累创新灵感。

（5）能够让团队彼此信任。

团队的每一名成员要相信彼此，相信团队，对团队具有荣誉感和使命感。在团队处于低谷时不离不弃，在团队处于高峰时依然尽心尽力。一个优秀的团队一定是具有团队忠诚力的团队，没有忠诚就没有执行力，团队就不可能成功。

1.6.2 如何让操盘手脱颖而出

有一则寓言故事：

一天，森林里发生了一场火灾，百兽之王老虎凭借身高腿长的优势成功地逃出了森林；然而无情的大火却烧死了很多小动物，一群蚂蚁也被大火包围了。这时，来自四面八方的蚂蚁抱成一团，向河边滚去。有的蚂蚁在滚动的途中被烧死了，但它们并没有离开自己的岗位，一直坚守着，冲向河流，最终，蚂蚁得救了。

老虎有感而发，这个蚂蚁团队的工作非常勤奋，而且卓有成效。如果给它们派一个团队负责人，蚂蚁的力量是不是会更强呢？于是，老虎找来了蝉当蚂蚁团队的负责人。

然而，蝉从一开始就不是蚂蚁团队的一员，它不仅不熟悉团队内部的指令，也不熟悉蚂蚁的工作流程和计划……从此，一个原本充满活力的蚂蚁团队开始垂头丧气。老虎发现蚂蚁团队的生命力正在急剧下降。不得已，老虎又重金请来了猫头鹰做管理顾问，寻求新的解决之道……

如何选择团队操盘手？企业选择人才，无外乎两种途径，对内选拔和对外招聘。但是在具体实践中，我们会发现，“空降部队”所产生的效果往往没有对内提拔的效果显著。因此，黄金操盘手更需要采用竞聘上岗的方式，从企业内部选拔。

视频 3　擒贼先擒王，“搭班子”最好首先找到操盘手

扫描下方二维码观看视频，告诉你找对人有多重要。

考察和选拔团队操盘手的有以下几个维度，如图 1－13 所示。

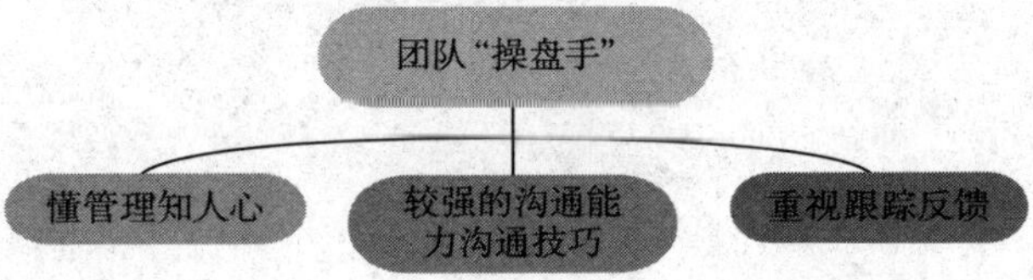

图 1－13　团队“操盘手”维度

（1）懂管理，知人心。

作为团队的经理，他首先要懂管理，不懂管理的人，在这个团队中只能“打酱油”，无法从事长期的管理工作。而且管理者不但要懂得管理这门学科，还要熟悉自己和直接下属正在做的工作。

（2）具备较强的沟通能力，熟练掌握沟通技巧。

团队带头人一定要具备很强的沟通能力和有效的沟通技巧。他们需要头脑灵活，思维敏捷，知识面宽广，考虑问题比较全面，能够让手下服气。

（3）重视跟踪反馈。

作为团队的老大，他还要能做好定期管理及任务追踪，有很好的进度管理观念，才能使团队的业务稳定增长，并且按时保质完成。

选好团队操盘手，是团队能否团结、保持最佳状态的关键。在团队操盘手的选择配备上，企业一定要做到人尽其才，让“将才”“帅才”找到合适自己的位置，使其经营管理效能发挥最大化。

1.7 管理者如何借力团队

《荀子·劝学》中说："君子生非异也，善假于物也。"管理的精髓在于完成决策后，管理者要明白究竟要做什么，然后借力使力，完成计划任务。而我们建设团队的目的就在于让团队形成立场，管理者能够借助团队的力量，让企业不断发展和壮大。所以，企业管理者应该学着向你的团队"借东风"，如图 1－14 所示。

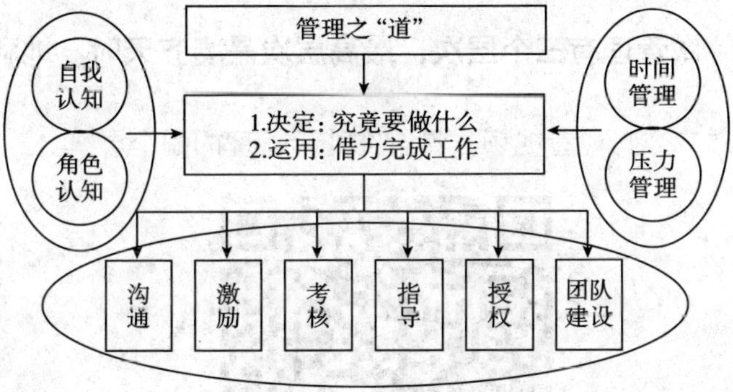

图 1－14 管理之"道"

1.7.1 事必躬亲还是借力使力

春秋时，鲁国单父邑缺少一名邑长，鲁王让孔子推荐自己的学生去出任单父邑的邑长，孔子就推荐了自己的弟子巫马期。

巫马期到任后十分认真负责，每天都披星戴月地工作，可谓废寝忘食，在他的努力下，不到一年的时间，单父邑就变得夜不闭户，路不拾遗。然而这时巫马期却因为劳累过度而病倒了。

于是，孔子又推荐他的另外一个学生：宓子贱。子贱的工作方式和巫马期明显不同，他到任后，首先在政府驻地修建了一个琴台，每日只管弹琴，并不工作，但令人奇怪的是，他上任后的一年，单父邑百姓的生活依然很滋润，并没有发生倒退。

后来，巫马期和宓子贱交流经验，巫马期很奇怪，为什么自己那么努力才做到的事，子贱这么容易就做到了？子贱笑着说："我们工作方法不同。你做事靠拼命，可是事业那么大、事情那么多，个人力量毕竟有限，强迫自己超负荷地工作，最终只能是累倒。而我的工作方法是调动能人来做工作，所以事业越大可调动的能人就越多，调动的能人越多事业就越大，于是工作就越做越轻松。"

视频 4　做管理有三个层次，最高层次是凑齐天时、地利、人和

扫描下方二维码观看视频，看看你处于管理的哪个层次。

一个人能把 100 件事情做好，那也只能说明个人的努力。但如果执行者借助团队的力量做好了 100 件事情，那么其影响就不仅仅局限于个人，而是整个企业，在这个过程中，企业之间的力量得到了协调利用，企业的前进，主要靠这种力的流动。

事必躬亲的管理者远不如擅于借力的管理者，靠个人的努力和能力，其力量毕竟是有限的。所以应该让团队发挥作用，最终达到完成目标的能力，才是卓越的管理。管理者再有本事，也不过是巫马期，最后把自己累倒。

管理者要善于借力团队，发挥团队作用。企业的管理工作千头万绪，涉及方方面面，如果每位管理者都事无巨细，都要事必躬亲，必然会陷入纷繁的事务中，身心俱疲，可能就没有多余的精力和时间去掌控大局、把握重点。

管理人员的基本使命，在于借助团队和集体的力量去完成企业的战略和完善员工的福利。管理者在企业生产经营管理过程中，还要善于抓住时机，借助团队的优势，整合企业内部资源，实现资源的优化配置。

不管是团队内部的，还是团队外部的，管理者要利用各种资源和力量，不但可以节约成本、减轻负担、缩短时间，而且还能提振团队的协作精神，从而使整个团队、整个组织快速成熟起来。

1.7.2 管理者如何向团队借力

管理者如何借助团队的力量去完成企业的计划目标呢？主要靠计划和控制两方面，如图1－15所示。

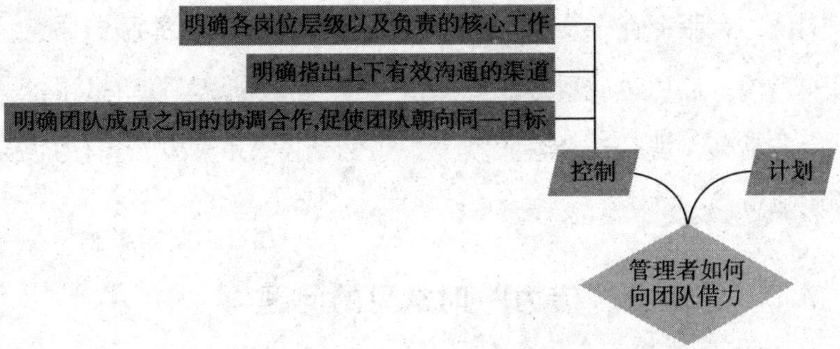

图1－15 向团队借力

（1）计划。

“计划”这个词对于企业来讲并不陌生，管理者对企业发展道路的设想，就是一个初步的计划，计划是人思考的过程。例如，一个人想开一家酒店，首先要做的就是了解用户需求，做市场调研，并选定酒店的位置，观察酒店周边的环境，然后分析自己的优势和劣势。而这些工作，靠这个人的力量，在短时间内去完成是不可能的，他必须借助一支队伍，分工明确，甲负责市场调研，乙负责分析区位优势，丙负责评估客户人群，等等。因此，完善的计划随之带来的是职责分工的明细，只有明确了分工，让团队成员各司其职，团队的尖刀、拳头作用才能凸显出来。

（2）控制。

管理学中的“控制”是指，为确保达成计划目标所采取的措施。控制的措施可分为两类：“组织结构”和“人员督导”。

首先，组织结构的作用有以下几点：

①明确各岗位层级以及其负责的核心工作。

②明确指出上下有效沟通的渠道。

③明确团队成员之间的协调合作，促使团队朝向同一目标。

一个好的组织结构，才能使资源不过多地浪费，从而创造更多的价值。然而再严谨的组织结构，缺乏督导，也不能有效形成合力。例如，客服这一岗位，客服存在一个督导的职位，监督客服人员的服务质量，日常指导下属行为，然后达成目标。如果没有督导人员，客服质量不把关，投诉率就会非常高，那么这个客服就失去了信誉度，企业的公信力也会受到极大的影响。

1.7.3 管理者“借力”时常见的问题

企业管理者在“借力”时，通常会遇到以下几个常见的问题，如图

1 －16所示。

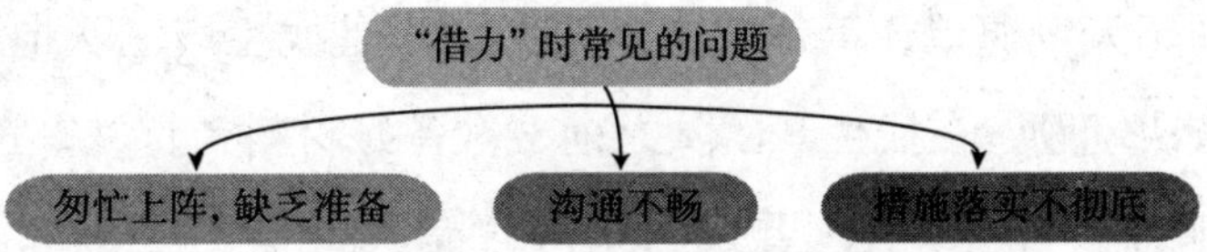

图 1 －16　“借力”常见问题

（1）匆忙上阵，缺乏准备。

管理者在借力团队时，切忌匆忙上阵。很多管理者遇到一点问题就如临大敌，再加上焦虑急切的心情，很容易就会直接把问题抛给团队，对团队缺乏必要的解释说明，这种管理者被形象地比喻为“甩锅侠”。

另一种情况，管理者自己设定的目标和需求不明确，问题说了很多，但要求团队需要达到怎样的程度，却没有说明白，这就让想给予帮助的人无从下手。

（2）沟通不畅。

管理者和团队的沟通不畅体现在团队不能真正理解管理者的意图，很多企业管理者在与团队沟通时习惯于东拉西扯，毫无重点，或是善于用暗示的语言，让下属丈二和尚摸不着头脑。这样的沟通既浪费时间，又浪费精力，还可能在执行中出现严重的偏差。

（3）措施落实不彻底。

实施的措施未经过双方确认就实施，容易导致偏差最后造成结果的偏离。此外，实施过程的信息未及时反馈。领导希望能够随时掌握所有的信息，因此反馈非常重要。通常如果一旦“借力”成功，最好定下最终节点，以及每次汇报或者反馈的时间节点，以保证过程的及时获悉及调整。

要解决借力时出现的问题，管理者需要在以下几个方面多下功夫：

（1）把准备工作做充分。

急事缓办，是管理工作中的一项非常特殊的工作。越是出现棘手的问题，越要冷静下来，将所需要讨论的资料准备好。比如，一个产品由于质量问题出现了大量退单，管理者首先要做的不是找生产团队抱怨和指责，而是为了解决问题，在找生产团队之前，准备好材料：首先，考虑是不是产品原材料出了问题，所以要找到原材料提供商的相关资料，例如发货单、验货单、质量合格证书，等等。其次，考虑是不是员工生产过程中出现了失误，所以要找到员工当期的绩效考核表、产品检验报告，等等。把材料准备充分，才能有的放矢，真正找到解决问题的方法。

（2）给自己留有喝水的时间。

管理者要给自己留有喝水的时间，这样才能把握管理的节奏。时间永远都是宝贵的，规划好时间才能保证成功。在制定解决方案的时候，首先确定起点和终点的时间，然后在规定的时间内完成策划，但是要给自己留有一部分的空白时间，以便停下来思考和总结，或者用来应对突发事件，等等。比如，预约会议的时间要根据管理者时间来定，因此多预备几个时间点，做好多次预约的准备。

（3）充分运用团队的智慧。

团队的力量是无穷无尽的，充分发挥团队中每个人、每个职能的作用，那么团队的力量就足以解决任何困难。借用团队力量来完成组织的目标，让团队的智慧和能力活跃起来，整个团队才能焕发出强劲的动力。例如，在策划方案的设计中，可以适当考虑团队合作分工，以及发挥每个人的专长等；可以通过团队集思广益，查漏补缺，完善方案；在执行方案过程中，分别设立负责人进行分部分监控，等等。

一个成功的管理者要善于借助员工之力，这样管理者才能更好地解放自己，掌握借力的方法与技巧，才能更好地借力。因此，也得出一个结论，管理在于善于使用人力，而非具体做事。

第 2 章

制度为王：没有规矩，团队就没有未来

没有规矩，不成方圆。制度是你管理团队、提升业绩的有力武器。想要掌握这个武器，不仅要制定出合理匹配的制度，管理者还要时刻身体力行，执行制度。凭借制度管理，团队就不会一盘散沙。可以说，制度是凝聚团队力量的根本保障。

2.1 用制度说话，“人治”不如“法治”

在中国“人治”色彩往往非常浓重，这是受到传统的“家长式”管理文化的影响。对于现代企业来说，人治已经落伍了。我们的社会在走向法治，公司治理也要走向法治，只有用制度说话，扎紧制度的笼子，团队才能出彩，企业才能看到未来。

2.1.1 为什么人治不如法治

七个和尚住在一座庙里，每天三餐就只有一桶粥。而这一桶粥分给大家吃，没有一个人能够吃饱。于是，这七个人用抓阄的方式来决定谁来分粥，这样一来，每个人都有一天是吃得肚子鼓鼓的，那就是自己分粥的那一天。

这七个人觉得这样不公平，就从外面推选出一位老方丈来分粥，结果这位老方丈因为没有人监督和制约，在做粥时偷工减料，这个方丈分了几天粥，大家喝的全是米汤。于是这七个和尚开始挖空心思去讨好老方丈，互相勾结，搞得整个小团体乌烟瘴气，老方丈则趁机溜走了。

老方丈走以后，大家开始商量，立规矩，每天给干活多、运动量大的人多分一点粥，让他吃饱；给干活最少的人少分一点粥；其他人定量分粥。

一年过去了，七个和尚把小庙搞得生机勃勃，大家也不用再分粥了，由于订立这样的奖励制度，大家现在都吃上了白面馒头了。

视频5　利用制度去平衡团队中更多人的利益

扫描下方二维码观看视频，让作者告诉你从团伙到团队，你的企业需要什么。

这个案例论证了企业管理的三个发展阶段，人治、法治，到最终的规范化、常态化，如图2－1所示。

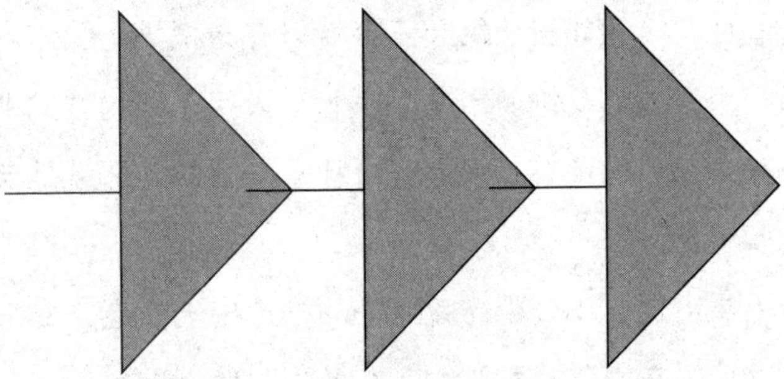

图2－1　管理的三阶段

企业管理的第一个阶段为人治化管理阶段，“人治”突出结果，缺乏过程控制。人治化阶段，权力是管理的中心，而权力得不到任何有效的监督和制约，这样极容易导致管理者以权谋私，极大地损害企业和团队的利益。因此，人治是企业管理最初期的阶段，随着企业的发展，它不可避免地要退出历史舞台，让位给“法治”。

第二个阶段为法治化管理，以制度为中心。通过规章制度来处理企业的一切事情，它要求企业要明确岗位职责，并将制度不断改进、完善。

这一阶段，企业要树立规矩，确立企业运营的规则。企业制度的稳定性要高于个人，同时相信只有好的过程才能造就好的结果。注重过程的控制，强调数字化管理、精细化的细节管理。

第三个阶段为规范化、常态化阶段，该阶段由于有制度的保障，企业内部机制得到了净化，组织系统不断优化。员工自主管理和自觉意识明显加强，实现了“人人都是管理者”的飞跃，每个人首先是自我管理和自我经营，对自己高度负责，提升自身修养，加强对客观规律的认识，在此基础上，对自己的工作、客户、下属进行管理。最大限度地激发个人的激情和潜能，公司全员形成良好的工作氛围。

那么，制度对一个企业到底有多重要呢？如图2－2所示。

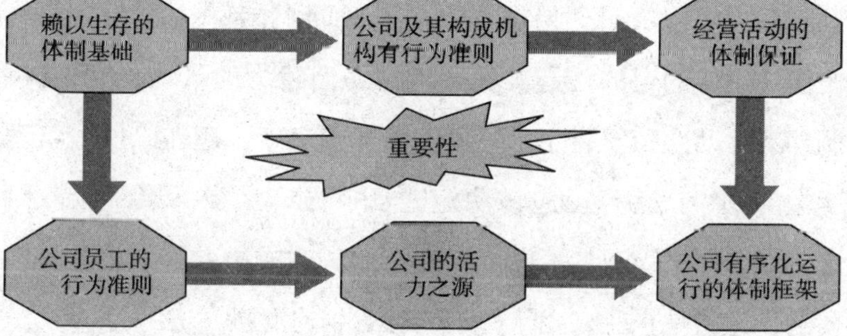

图2－2　企业制度的重要性

在企业管理发展的这三个阶段中，企业由“人治阶段”上升到“法治阶段”，是每一个企业的必经之路，同时也是为最终步入常态化阶段扫除障碍。

某公司总经理经常喜欢到公司各部门去转转，几天前，公司刚刚接到了一个大单，他很想去生产部看看员工们的工作状态如何。

“我们正在按照工作计划进行分工。”生产部的王经理向他报告。

“你们已经把工作计划书完成了？”总经理问。

“您不是要求我们尽快拟定计划吗？”王经理很不解。

“我是让你们做了，但你们怎么能背着我做计划呢？为什么不把计划安排表交给我看看，如果出现问题怎么办？”

于是，生产部门把计划书交到了总经理手里，因为有了先入为主的印象，总经理觉得这个计划书漏洞百出，结果，原来制定的计划被彻底打乱，修改得面目全非，直到这位总经理满意为止。

乍一看，这位总经理这样做有他的道理。但实际上，此时的他还没有转换到制度管理的角色中来，因为他还没有把制度建立起来，而是采用的凡事都自己动手的“人治”管理方式。

现代企业的专业化程度，让团队的工作越来越复杂，团队的数量也越来越多。在这种情况下，传统的人治已明显不能满足现代团队的需要。用“法治”代替“人治”，此时就显得比过往任何时候都紧迫。

公司建立团队的目的，是实现团队的“自我管理”，提升自主决策的能力以调动其主动性和创造性。而我们很多管理者，还在以传统管理者的思维去考虑问题，认为自己应该决定一切问题，至少下属不应该自己决定。长远来看，如果管理者不进行改变，团队的成员就会失去主动性和创造性。显然，这将是企业和团队都不愿意看到的情景。

2.1.2 制度，可以让管理变得更轻松

同样是管理，为什么有的管理者能做到得心应手，而有些管理者每天都感到非常疲惫？答案很简单，要想让管理更轻松，就必须用制度去管人管事。

在一个组织中，能不能把人管好、把事做好，关键看制度与流程是否能起到管制与引导的作用，人是容易产生惰性与贪婪的动物。用人去管

人，被管的人累，管人的更累，这样没有制度引导的企业，由于人的时间和精力有限，管理者就非常容易倒下。

有调查显示，中国企业失败的主要原因，80% 以上都是决策失误，而在这些决策失误的企业中，绝大多数都是“人治”所造成的。

制度化管理使企业的决策从根本上杜绝了“一言堂”，避免了没有科学依据的决策，企业的决策过程程序化、透明化，决策有科学依据、决策的结果经得起实践的检验和市场的考验，决策人则对决策结果承担责任，在最大限度上减少了决策失误。

制度化管理可以纠正个人的错误，即使领导者做出了错误的决策，也有一套纠错机制予以保障。这样，即使个人离开了企业，但企业仍可以依靠制度而正常运转。坚持依法治企，建立一套完善的现代企业制度，是企业实现基业长青的必经之路。

2.2　制度管得住，还要玩得转

有了制度，关键还要看执行和落实。很多公司把制度当成了摆设，人情泛滥，赏罚不分，结果制度根本玩不转。要让制度管得住，玩得转，首先应该杜绝企业内的人情，在制度设计上，要做到宽严适度、赏罚分明。

2.2.1　制度面前无人情

中国是个人情社会，讲究人与人之间的情分。公司的管理也是一样，作为员工，当然喜欢在一个充满人情味的环境中干活，但作为领导，严格执行制度，才能确保公司稳健运行，当这两者发生矛盾和冲突时，管理者该怎样解决呢？

视频6　开诚布公地批评与自我批评，能提升全员执行力

扫描下方二维码观看视频，告诉你如何营造良好的团队氛围。

孙某在一家小公司工作 7 年了，已经成为这家公司的骨干员工。这家公司规定，如果每个月请假超过 3 次，则扣除本月奖金。孙某的父亲突然生病住院，为了照顾父亲，当月请了 5 次假。然而，他这个月的工作目标全部完成了，那么，还要不要扣除这个月的奖金呢？

按照公司制度，奖金是要扣除的，而且公司也确实扣除了他的奖金。不过，老板自己拿出了更多的钱来作为公司对他家人的抚慰金，同时也是对他敬业工作的奖励。

案例中的问题，在很多公司都发生过，任何一个公司，制度都是用来贯彻执行的，否则，制度就是一纸空文。如果任由人情将公司制度破坏，那么公司领导层在员工心目中就没有了“信用”。

因此，制度面前无人情，但在其他方面，是可以灵活变通的。

董明珠曾经说：“制度上没有因人而异，每个人都是一个标准，本身就是对员工的关爱。公司像一条很宽的公路，一边是车道，一边是人行道。人行道只有 1.5 米宽，车道却有几米宽，但是车道上很长时间都没有车，特别是中午的时候。而格力有一个明确的规定，不管有没有车，人不能走到车道上去，走车道就开除。很多人认为你这是不近情理的，但是我觉得这就是制度。”

制度能够管得住，玩得转，关键要看管理者自身是否带头执行。如果管理者自身做制度的维护者，而不是破坏者，那么公司的制度就能够得到很好地贯彻。

很多企业制度之所以没有得到执行，大多都是领导者没有去遵守，而不是员工故意要打乱管理秩序，制度很多时候是领导者自己破坏的。而且，这种破坏比员工破坏还要危险。

人情可以成为制度以外公司运作的“润滑剂”。例如，员工在流程上违反了规定，按照制度，企业必须追究他的责任，但下班之后，出于人情关系，管理者要找到该员工好好沟通。这样做，人情和制度就不再面临冲突，而是适度地补充。

2.2.2 制度执行必须公开、透明

A公司和B公司都是当地的知名企业。A公司是某国有企业在当地的子公司，各种制度都比较完善，但却无法贯彻执行。B公司是一家新成立的建筑公司，企业处于快速发展阶段，但人才流失严重。两家公司都有一定的绩效考核制度，但是施行起来却阻力重重。

制度执行的前提之一是公开透明，公开透明的目的是公平。在制度方面，员工关心的永远只有三个方面：制度设立是否公平、公正？处理是否公开、透明？执行是否有可比性？很多企业只为得出一个结果，因此，制度在执行上不理想。有的企业缺少制度执行的反馈过程，常常暗箱操作，这样的制度既没有生命力，也不利于企业的团结。

如何让制度在阳光下运行呢？企业应该注意以下几个方面：

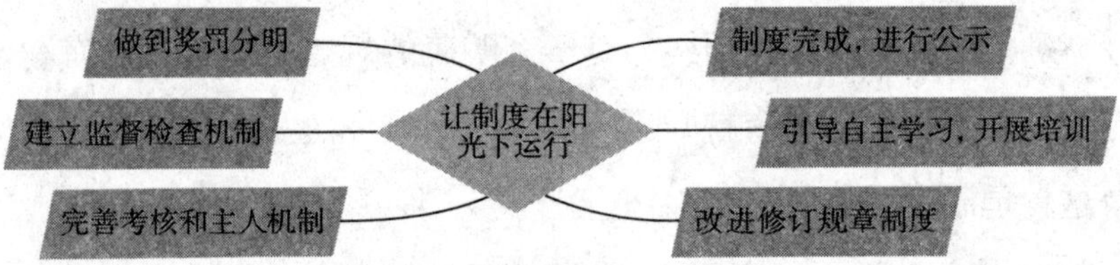

图2-3 制度阳光运行图

（1）制度在设立完成后，将其进行公示。

将制度交由每个员工阅读，并有其确认、签字。如果员工已经充分了解并承诺遵守，还要签定承诺书，如果对制度有异议，要及时上报给管理层，管理层也要积极询问员工，反馈意见，做到“制度慢慢来，问题快解决”。还应召开职工大会公示，并以适当方式保留证据。同时还要向委托工会公示，并保留证据。最后要制定员工手册，并向每一个员工发放。

（2）引导员工进行自主学习，开展制度专项培训。

规章制度出台后，公司应当组织员工进行制度方面的培训，引导员工进行自我学习，确保公司员工熟悉规章制度的具体内容，并使规章制度落地执行。

（3）规章制度要随时改进，及时修订。

很多企业制度的完善跟不上企业管理的发展，不能适应企业发展的要求，这样的制度不仅不能起到应有的作用，反而会妨碍工作的正常进行。因此，规章制度不能一成不变，要根据企业管理随时进行改进和完善，使之符合实际情况的需求，与时俱进。

（4）规章制度要做到奖罚分明。

不管是管理层还是普通员工，必须严格按制度办事，谁违反制度，谁就应该受到处罚，否则制度就起不到应有的激励和约束作用，甚至还会起到负面作用。

（5）建立完善的监督检查机制。

规章制度的执行需要监督，因此，企业要定期对已有规章制度的执行进行检查，对全体职工起到督促作用。

（6）建立完善的制度执行、考核和评价机制。

对于企业中的各项规章制度，除了监督执行外，还需要对各项规章制度及其执行情况进行合理、有效地评价和考核。建立完善的评价机制是各项规章制度执行考核的依据，同时也能对各项规章制度的完整性、科学性、可操作性进行合理地评价，并使其得到及时的完善和补充修订。

2.2.3 制度处罚要适度

某公司突然宣布最新整改措施：为了激励员工的士气，从即日起，各部门开始施行新的考核制度。在每月月底，各部门要提交考核结果，考核不及格的部门全员减薪一半。

让大家始料未及的是，员工对这项制度的反弹很大，有人认为这个惩罚制度太重，但老板却说："你们不看新闻吗？外企都在减薪。"然而，老板的理由并没有说服员工。绩效考核执行一段时间后，公司内部开始有谣言，说公司是"没钱发薪"了，公司开始有人陆续辞职，公司的管理者这才醒悟过来，决定恢复原来的制度，但这次的风波对企业造成的伤害已经无法挽回了。

在这个案例中，公司老板实施绩效考核，其目的是为了提高员工的士气，问题在于方法的具体运用上。薪水减半，本身就是一种过于严厉的处罚方式，这让员工们很难接受。

作为管理者，在制度设计和执行过程中，如果有处罚情况发生，一定要遵守适度原则。处罚的目的是警示员工，让员工接受教训，所以处罚要讲究适度，太轻了不痛不痒，太重了容易把员工"打趴下"。只有轻重适度，才能最大限度地起到警示的作用。也只有这样，处罚才能真正算得上是管理者手中的武器。

彼得·德鲁克曾经说："一个组织就像一部美妙的乐曲，它绝不是单个个人的音符罗列，而是由人们之间的和声所谱成。"一个制度在运行的过程中，不严谨、不透明、不适度，那么制定出的制度势必会引起员工的不满进而影响企业的发展。所以管理者在制定制度时，一定要站在企业战略和员工的立场的两方面来思考问题，才能使公司上下一心，团结一致。

2.2.4 建立团队淘汰机制：别让"坏人"创造气氛

建制度、立规矩的目的是更好地规范员工的工作行为，提高工作效率。但是，每个公司都会有人才和庸才。只有建立淘汰机制，淘汰庸才，才能留住人才。如果企业没有一个健全的淘汰机制，那么企业员工工作表现参差不齐，必将导致企业效益下降等不良后果。所以，别让“坏人”创造气氛，是建立团队淘汰机制的核心内容。

1. 企业为什么要建立淘汰机制

杰克·韦尔奇从价值观和能力两个方面把员工分为三类：前面最好的占20%，中间的占70%，表现最差的占10%。

第一类，认同公司的核心价值，有能力，是公司的中流砥柱，是公司最主要的骨干和力量。

第二类，能力不足，但他们对公司非常忠诚，通过各种培训和学习，他们的能力是能够提高的。

第三类，也就是那10%的人，对公司没有任何价值，应该毫不犹豫地让他们离开。

所以一个企业要想良好地发展，必须淘汰最后的那10%。每年淘汰1%，一个企业经过10年的努力，必将有所成就。

企业建立淘汰机制的理由有很多方面，我们用表格的形式来呈现，如表2-1所示。

表2-1　企业建立淘汰机制的理由

建立淘汰机制的原因	详情
心理学因素	心理学在研究体育竞技比赛中世界纪录不断被刷新和打破的因素时得出结论：只有竞争淘汰，才能激发出极限能力。美国通用公司成功的经验是：每年辞退业绩排在最后的10%的员工。中国也有越来越多的企业认识到：如果企业内部没有竞争淘汰，企业整体将会被市场淘汰。
管理学因素	末位淘汰没有统一的标准，这就要求每个员工都要竭尽全力地工作，企业往往通过定期考核，将业绩排在最后的员工淘汰。 末位淘汰虽然具有很大的不确定性，给员工带来了压力，但也正符合市场的发展规律。因为市场本身就具有不确定的特点，要想在这样的环境中很好地生存下去，唯一的办法就是以不确定应对不确定。

续表

建立淘汰机制的原因	详情
市场因素	企业应该形成优胜劣汰的员工流动机制，以激发员工的工作激情。如果一个企业在正常经营时期没有适当进行员工淘汰，那么，这个企业最终将会被市场淘汰，由此得出一个结论：员工的流动淘汰率低于1%是企业的“死亡线”，高于2%才能使企业更好地生存。
实践因素	如果上面的所有理由确定无疑，并且越来越多的企业正在或准备这样做，那么，没有建立这种机制的企业就必败无疑。日本著名的经营管理专家土光敏夫说：“撑杆跳的横杆总是要不断上升的，不能跳跃它的人就应该尽快离开竞技场。”

2. 不同企业建立的淘汰机制

不同企业，根据本企业的自身情况，所选择的淘汰机制和淘汰形式各不相同，如表2－2所示。

表2－2 不同企业建立的淘汰机制

华为	活力曲线法	华为为每个员工制定“完成额度”，年终进行绩效考核评定，并踢除考评最差的5%的员工，这种办法被称为“活力曲线”管理法。这种管理法的基本思路是“评级和去劣”，用“完成额度”来对员工工作评估，分成ABC三类，这三类的比例应控制在20%、70%、10%，其中20%是优秀员工，10%属于较差员工。 在华为内部，这种绩效考核也被称为“自然淘汰”。
海尔	动态转换	海尔将全体员工分为试用员工、合格员工、优秀员工三种，分别享受不同的待遇，并根据业绩和贡献大小进行动态转换，结果及时公布。此种淘汰方法的比例在5%～10%左右。 海尔有一套完善的绩效考核制度，业绩突出者进行三个工种的转换：业绩合格或出色的试用员工转为合格员工，合格员工转为优秀员工；业绩差的员工按照此顺序进行下调，或退到企业内部的劳务市场，内部待岗。待岗员工必须在企业内部劳务市场培训三个月方可重新上岗。

续表

万向集团	阶梯式用工，动态式管理	万向集团将员工分为终身员工、固定工、合同工、试用合同工、临时工，五种形式同时并存，以有效克服全员固定工、员工吃大锅饭、没有风险、没有动力的弊端，遏制人的惰性；员工看到自己，也看到别人，不得不比较，通过比较产生压力，激发动力。做得不好则随时面临下降的危险，一切取决于个人的能力和表现。同时，通过用工形式的流动，员工的收入、培训、福利、医疗、养老金等，也都随之进行流动。用工形式升一个台阶，员工的待遇就上一个档次；用工形式降一个台阶，员工待遇就减少一部分。此种淘汰机制比例较低，一般在1%～5%之间。
山东潍坊电业局	企业员工的分线管理	将员工分“三线”，实行“动态聘用管理”和“差别化激励”，一线员工为上岗员工，指经过考试考核合格，竞聘等形式上岗的员工；二线员工为离岗培训员工，包括参加岗位技能、专业技术培训的员工；三线员工为试岗、下岗等员工。试岗员工是指“双考”成绩较差，或劳动态度、劳动纪律表现较差等原因需要在岗位等待考察的员工。

通过以上案例研究，我们至少可以总结出竞争淘汰的三种基本形式和众多具体形式，如表2－3所示。

表2－3　竞争淘汰的基本形式和具体形式

基本做法	淘汰率不同的众多具体形式
将表现不佳的员工淘汰出企业	5%
将高薪酬职位表现不佳的员工往下淘汰	10%
将表现不佳的员工转为试用员工或待岗员工，减少收入，或拿基本工资参加培训，重新竞聘	1%～5%

3. 如何执行淘汰机制

淘汰机制对企业的制度建设具有非常重要的意义，但在具体执行过程中，很多企业却都存在误区，那么，淘汰机制要如何执行才能发挥它的积极作用呢？如图2－4所示。

很多反对企业建立淘汰机制的人提出，淘汰机制缺乏人性关怀，过于残酷，对于被淘汰的员工来说，他们的人格尊严会受到伤害，没有任何补偿制度的淘汰行为还会使员工失去保障，一些年龄较大的员工在失业后由于其年龄劣势再就业是非常困难的。因此，在执行淘汰机制时，需要注意

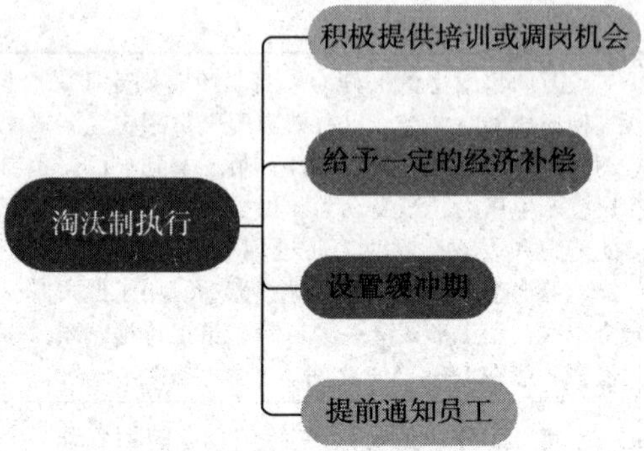

图2-4 淘汰制的执行

以下几点：

（1）积极提供培训或调岗机会。

每个团队都会有“末位”员工，而他们并不一定是工作不努力，所以要给这样的员工多一次机会。企业应该视自己的能力和员工的特点，协助员工发挥其优势，应当根据法律规定为其提供培训或者调整工作岗位，培训后再对其进行考核。

（2）给予一定的经济补偿。

企业应在实施末位淘汰制的同时实施补偿制度，这种做法既合情，又合法。这表明，尽管员工不能胜任工作，但不代表其就没有付出过努力，更不代表他们对企业毫无贡献。

（3）设置缓冲期。

在这方面，海尔的动态转换最符合企业利益。通过动态转换，进入下层，对不合格的员工进行待遇方面的调整，直到其胜任最适合他的岗位，没有合适层级可供缓冲的，最终淘汰出企业。

（4）提前通知员工。

我国《中华人民共和国劳动合同法》规定，在员工没有重大违法犯罪行为的前提下，企业是无权单方面解聘员工的。因此，公司在确认淘汰前，一定要提前一个月通知员工。如果公司认为提前通知员工有困难，也可选择以一个月的工资标准来补偿代替提前通知期，即“代通知金”。

总的来说，没有放之四海而皆准的淘汰机制，只有适合企业自身的才是最好的淘汰机制。企业一定要在特定范围和阶段去建立适当的淘汰机制，如果不分条件、时间、范围地去套用，很可能适得其反。

2.3 团队不养懒人，公司不养闲人

很多企业管理者说，我们的企业已经用制度充分保障了员工的待遇和福利。这话没错，但我们应该首先保障的是哪些人的待遇和福利呢？是奋斗者的待遇？还懒人闲人的待遇？作为公司老板，如果你想培养奋斗者文化，让员工操心起来，就必须消灭两类制度：即养懒人的制度和养闲人的制度。

2.3.1 慢慢熬，熬出了懒人、闲人

恒大集团董事长许家印，最早在某国企的工厂当车间主任。在国企中好职位是熬出来的，也就是说，凭工龄、资历，来决定你的晋升空间。因此，从车间主任到工厂高层干部，许家印需要的只是一级一级地慢慢往上升。

这样的工作，对于一个胸无大志的人来说，完全可以接受，轻松、悠闲，每天坐在办公室里喝喝茶水，看看报纸，每天去车间溜达个两三次，指导一下手下工人的工作，就可以了。

但对意气风发的许家印来说，他觉得人生如果这样去熬，那么接下来无非就是十年后，换个办公室的问题，这让许家印看不到希望。于是，他毅然辞职，来到深圳地产公司工作，若干年后，恒大集团横空出世，没有人会记得他还曾做过小车间主任。

许家印的这种情况，很多公司都存在，有很多有梦想、有抱负、有激情的奋斗者，因为公司的这种晋升机制，没有保护这些奋斗者的利益，最终劣币驱逐了良币。留下的就只有懒人和闲人，这严重影响了公司的前途，阻碍了公司发展。

视频 7　60 万元年薪，给这样的人

扫描下方二维码观看视频，告诉你应该招什么样的人才。

在建立有效的团队制度以前，应该首先考虑的是员工的工龄问题。对工龄问题，大多数企业都有明规则和潜规则两大类。

明规则，就是企业对员工实行工龄工资。员工在企业里每多干一年，就增加一年的工龄工资，越是待遇福利好的企业，就越看重员工的忠诚度，因此，工龄工资体现的是一位员工的忠诚度。

然而，这种制度在奖励员工忠诚度的同时，却催生出了一批懒人。试想，如果工龄工资按照每年 200 元计算，那么一位员工在企业工作 10 年以上，他就能得到 2000 元无责任的底薪，这对新进员工公平吗？更可怕的是，老员工的业绩压力减小了，工作热情也就逐渐削减了，他们的想法是反正有很多比自己资历浅的人在做事，自己何必多此一举呢？渐渐地，懒人多了，闲人的既得利益形成了，公司的隐患也就增加了。

现代团队的工作性质和工作特点，呼吁企业取消这种工龄工资的懒人

制度，建立更科学、更合理的薪酬制度。

潜规则，是论资排辈的晋升机制。很多企业在竞聘管理层的时候，往往都会注明：要求“在公司工作×年”以上者，很多甚至都不用注明该要求，就直接把一些员工排除在外，晋升成了老员工的“纸牌屋”，新员工望眼欲穿而不可得。这种潜规则挫伤的是整个企业的奋斗热情，因为在一个企业内，企业人员的流动性决定了新员工的人数永远大于老员工。

2.3.2 用计分制代替工龄制

某酒店在管理上取消了实行多年的工龄工资制度，重新设定了基于平衡计分卡的考核方式。平衡计分卡的考核方式重视对员工财务、客户、内部流程、学习发展四个维度和方面的考核，如表2-4所示。

表2-4 平衡计分卡的考核维度

考核层面	关键要素	关键绩效指标
财务层面	增加营业收入 控制经营成本 提高客户价值 娱乐项目转型 优化产品结构	提高酒店净资产收益率2%。 控制经营成本，节省率达到10%……
客户层面	提高服务质量 提高服务便利性 提高客户满意度 提高营销能力 潜在客户转换能力 提高酒店品牌形象	客人投诉率下降5%。 做好直销和会员体系。 建立客户数据库，策划有针对性的营销活动，全年6场……
内部流程层面	提供标准化流程 提供专业化服务 灵活的定价机制 大客户服务定制化 完善档案系统 酒店产品创新 控制监管程序	提升客户体验和价值。 客房环境清洁率达到100%，设备维修及时率达到100%……

续表

考核层面	关键要素	关键绩效指标
学习与发展层面	完善培训体系 语言学习 企业文化建设	参加公司组织的各种业务培训学习。 参加公司组织的英语口语学习班，考试及格。 在酒店内刊发表文章和学习心得，全年不少于 4 篇……

计分制管理是指把计分制度用于对人的管理，以计分来衡量人的自我价值，反映和考核人的综合表现，然后再把各种物质待遇、福利与计分挂钩，并向高分人群倾斜，从而达到激励人的主观能动性，充分调动人的积极性。

计分制管理的核心内容就是用加减分来记录和考核人的综合表现，然后用软件记录，并且终身适用，把计分与设计的需求挂钩，从而调动员工的内在动力。

计分制让新老团队在一个公平的平台上运作，消除了企业由于工龄制所带来的“吃空饷”的现象，又让新团队有了“出头天”。因此，计分制有以下两方面的优点：

（1）老员工起点高，并保持一定的业绩压力。

老员工由于比新员工早工作几年，所以在起点上，他们的计分肯定要比新员工高，但这并不是一劳永逸的。计分制是靠日常的工作表现和工作行为决定加减分。所以如果老员工寅吃卯粮，成为了懒人、闲人，那么他的计分肯定是扣分比加分多。这样一来，老员工的计分就会逐渐被赶上，被反超，老员工无法坐拥过去的业绩，就必须与新团队一样，创造出更多的业绩。计分制制度，可以有效杜绝懒人、闲人的出现，让整个企业充满活力。

（2）新员工有了奋斗目标，更公平公正地进行内部竞争。

新员工由于进入企业时间较晚，计分起点就要比老员工低。因此，要想给自己开辟一个广阔的晋升空间，就必须加倍努力。新员工如果表现优于老员工，业绩提升较快，企业就要为员工和团队整体加分，那么，通过自己的努力，短期内计分差距缩小，甚至追平老员工，是完全有可能的。如果一个企业消除了晋升机制的潜规则，大家按照计分制来选拔人才，那么新员工和老员工就没有工龄差别，完全站在一个起点上。

2.3.3 团队计分榜

团队计分榜，是对团队计分排名进行公示的表格，如表2－5所示。它主要是以部门负责人进行排名，人力资源部门及企业高管进行审核，排名周期通常为一个月。

表2－5 团队计分榜

团队计分榜

部门：＿＿＿＿＿评价者：＿＿＿＿＿记录期间：＿＿＿＿＿

团队排序	第一周			第二周			第三周			第四周			累计
	加减分值	事由依据	日期	加减分值	事由依据	日期	加减分值	事由依据	日期	加减分值	事由依据	日期	

团队计分榜，体现的是透明管理。管理者可以在部门里最醒目的位置张贴计分榜，根据团队所完成工作的重要性进行加分，团队管理者有权力针对每天、每周的具体工作任务完成情况，对团队成员加分或者减分。这种管理工具，可以让管理者随时监督团队工作，各团队由于在意分值，工

作积极性自然就会提高。

制度面前没有旁观者，只有实干家。没有哪个岗位会清闲，没有哪项工作会轻松，没有哪个位置会不重要。同时，即使有相对清闲的岗位、轻松的工作，如果是闲、庸、懒的人来做，也绝对做不好。那样的话，一定会因闲而置、因庸而误、因懒而毁。因此，企业制度首先要建立在杜绝懒人、闲人滋生的基础上。

2.4 确立每个人的责任目标

制度是每个人都有义务去执行、有责任去维护的规矩。将制度分解到每个员工、每个岗位，就成为每个人应该履行的责任和目标。只有这样，制度才能被执行。否则，企业制度将成为“空中楼阁”，高悬在企业头上，却永远落不了地。

2.4.1 责任目标，应该共同建立

华为在确定每月的岗位工作计划和责任前，人力资源部会找到部门负责人和岗位员工对目标内容进行协商，最后三方达成一致意见，并签字确认，这样的目标才有效。长期以来，这种协商方式成为华为制定考核标准的重要依据。

责任协商的前提是企业要估计到员工的利益，以免责任目标出现偏差，因此在很多企业的责任目标确立过程中，企业管理者往往只考虑企业的利益，将目标无限上纲上线，变成“完不成的任务”，很少考虑员工的利益。所以，很多企业的工作目标实际上成为了员工的负担，而不是完整意义的责任目标。此外，企业对员工的目标采取了严抓、狠罚的态度，让员工失去了对企业的归属感，而应该和员工一起协商，确立目标责任，建立合理的奖罚制度。

此外，责任目标的沟通要包括目标任务、标准、工作流程三个方面，绩

效协商是双向沟通的过程，是管理循环的一个环节。管理者要做到对事不对人，客观准确地进行分析、反馈、评价，才能为目标的提升提供空间。

2.4.2 小目标，大责任

1984 年，在东京马拉松竞赛中，选手山田本一出人意料地夺得了冠军。记者问他是如何获得冠军时，山田本一说：“每次比赛前，我都会把比赛路线仔细看一遍，并在沿途找到一个标志，进行标记。比如，第一个标志是超市，第二个标志是一个建筑，第三个……一直标记到赛程终点。就这样，在通往终点过程中，我标记了无数的小目标，由于小目标完成并不困难，因此我在比赛前的训练中就针对小目标一次次地训练，一次次地完成，最终，我成功走到了终点。”

企业管理就像一场马拉松。一开始，团队都有着远大的理想，并将这种理想付诸制度，关键就在于目标的分解和量化。“不积跬步，无以至千里，不积小流，无以成江海”，小目标的达成才是对实现大目标最强有力的支持。那么，应该如何去量化目标呢？

1. 目标分解

将总目标分解为若干目标的关键点，将大目标拆分成若干小目标，制定完成每个小目标的时间、进度以及完成质量等。管理者可以运用“鱼骨图”的方法完成目标分解，如图 2－5 所示。

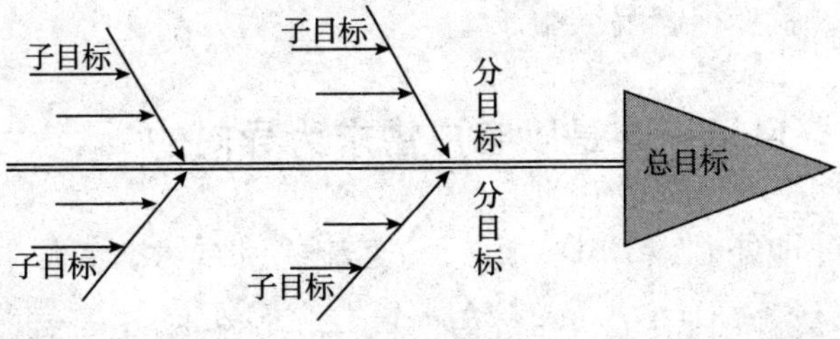

图 2－5 目标分解“鱼骨图”

2. 目标清单

员工的目标清单由员工和上级主管根据目标分解的结果共同参与商讨确定。目标的实现者要参与目标的制订，这样有利于目标的实现，如表2－6所示。

表2－6 某公司员工目标清单

员工姓名			职务					所属部门					
序号	年度工作目标与计划	计划完成月份											备注
		1	2	3	4	5	6	7	8	9	10	11	12	
1														
2														
3														
4														
5														
6														

3. 目标执行

责任目标的执行人，必须将计划付诸行动，并不断检查工作进度，调整行动，全力完成目标，并要贯彻目标执行结果的自我检讨、反馈、总结、调整。

有了计划，再大的目标也可以逐步实施并完成。远大的理想必须要能分解成小目标，不能量化的目标，不能算是目标，充其量是一个想法，目标被分解后，就变得容易征服了。

2.4.3 目标一定是以客户需求为导向的

某家餐厅地处北京CBD，每天的客流量都很大，餐厅利润持续上升。该餐厅销售经理就制定了一个销售目标——这个月的午餐收入要比上个月提升30%。但这个目标实施起来却很难。

首先，消费人数并没有增加，消费群体也没有改变，而且由于CBD白领工作忙的特点，有一部分人都是在办公室里吃外卖，而这家餐厅却没有外卖服务。

而同样地处CBD的另一家餐厅经理也制定了一份销售目标，其内容是：晚餐收入比上月增加10%，一个月后，这家餐厅顺利实现了目标。原来，这家餐厅给每一位顾客都发了一个打折卡，当他们晚上要在公司加班时，凭这个打折卡，拨打这家餐厅的电话，餐厅就会把晚餐送到顾客的办公室，并且提供8折优惠。

同样一个目标，同样的环境，同样的消费群体，却出现了截然不同的结果。最关键的一点就在于是否考虑到了消费人群的特性。午餐是白领最多的就餐时间，其利润空间是固定的，而晚上加班则是很多白领的"家常便饭"，由于晚上加班的时间是弹性而不固定的，所以会有更多的利润增长空间。

因此在设定责任目标时，一定不要忽略客户的消费规律和购买逻辑。在制定目标的时候，一定要把市场条件充分考虑进去。

2.4.4 目标一定是可控的

彼得·德鲁克提出了管理学中的"SMART原则"，如图2-7所示。

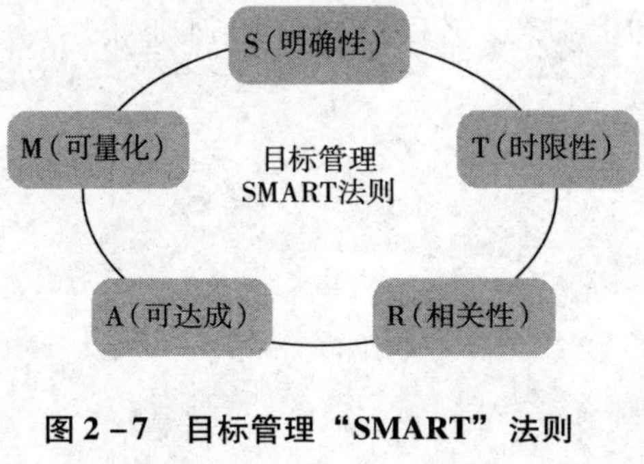

图2-7 目标管理"SMART"法则

S：目标必须是具体的（Specific）。目标应该能够清晰表达计划要做哪些事情，计划完成到什么样的程度。

M：目标必须是可以衡量的（Measurable）。目标的衡量标准遵循“能量化的量化，不能量化的质化”原则。

A：目标必须是可以达到的（Attainable）。不能制定出诸如上天摘月亮式的目标。

R：目标必须是工作相关的（Relevant）。目标必须建立在与工作紧密联系的基础上。

T：目标必须具有明确的时限性（Time-based）。目标必须在规定时间内完成。

在 SMART 原则中，前面四个原则，我们前文已经叙述过，而完成目标，必须要有时限，目标缺乏期限控制，实施的效果可想而知。

没有时间限定的目标是没有意义的，因为目标应该是每天、每周都在完成的管理系统，如果没有时间限制，那就必然会导致公司管理上的混乱。

没有责任，团队就凝聚不起力量；没有目标，企业就会一盘散沙。责任与目标的确立，是企业制度得以贯彻施行的“敲门砖”，容不得任何一点模糊的空间。因此，责任与目标的确立必须在协商、量化、实践、需求、时限五个方面下功夫，才能达到企业和团队的“双赢”。

2.5 效率——谨防时间“偷窃”

很多企业都会发现，工作效率低的团队或个人，每月月初都快活得很，工作总是磨磨蹭蹭；一旦到了月底就开始紧张起来，结果往往是离目标还差那么“一点点”，月初大量时间被他们“偷窃”了。而到了月底，因为目标没有按时完成而对企业造成的损害，也是无法弥补的。因此，企业要在制度上下功夫，避免企业出现这样的“岁月神偷”。

2.5.1 临时抱佛脚，不如平时烧高香

在很多企业里都有这样的员工：上一个月的工作目标侥幸完成，月初发工资时兴高采烈，心思根本不在工作上，到了月底，才醒过来，这个月的工作任务还没完成呢。于是，月底企业最忙的也是他，上蹿下跳，慌不择路。然而，最后的考核结果还是没有完成工作任务，于是又为了下个月的绩效奖金垂头丧气、唉声叹气，也不懂得利用剩下的时间尽快弥补失去的时间。像这样的员工是最令企业头痛的一群人。

出现这样的问题，主要原因还是企业缺乏有效的制度来制约和控制员工的日常工作表现和工作行为。作为有效的管理工具，计分制正是考虑到了这一原因。

员工计分制度的公布和施行，可以非常清晰地表现出员工每日的工作状态和工作表现，这既给管理者提了醒，也给员工提了醒，告诫他们哪位

员工这一天的工作效率相对较低，必须改正，如果一周内超过三天效率都很低，那么部门负责人就要找到此岗位的员工进行谈话，谈话内容可以记录下来。谈话的过程中，要少指责，多问问题，找到员工效率低的原因，才能对症下药，解决问题。当然，这对于管理人员来说，是要花一部分时间来观察、记录以及交谈的，但这绝对是有必要的。如果缺乏这一环节，任由员工寅吃卯粮的情况继续下去，一方面，员工由于被惩罚而士气受到影响。另一方面，企业由于无法完成既定计划，给经营方面造成了损失。

除了计分管理之外，企业在其他方面还要进行以下管理，如图 2－8 所示。

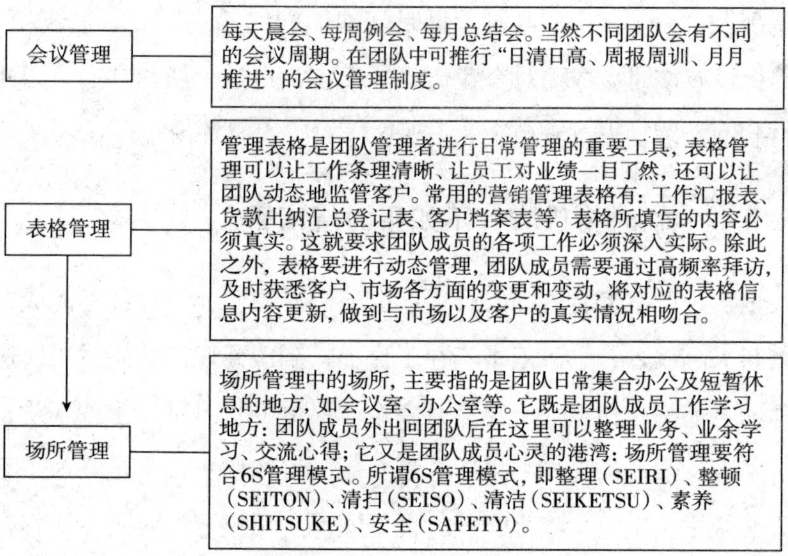

图 2－8　企业的多方面管理

2.5.2　鼓励团队的分工合作

一个团队只有执行分工协作，才能提升工作效率。因此，企业制度要建立在能够鼓励团队分工协作的基础上。而通常首先应该建立促进任务完成的“5W－H”工作法则。

“5W－H”法则即“Why、What、Who、When、Where、How。这些法则，大部分人都知道，但能运用到制度建设上的企业却很少。企业如果在建立制度的过程中，能积极运用这一法则，其作用是可观的。“5W－H”的详细内容，如图5－9所示。

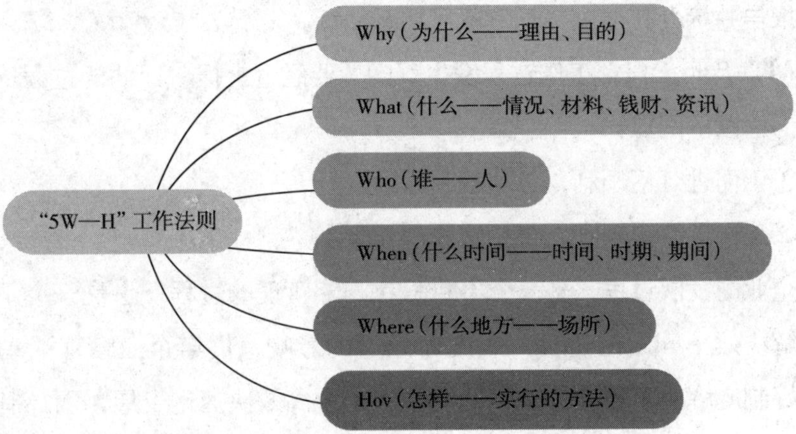

图2－9　“5W－H”工作法则

在制度上，要认真思考并灵活运用上述法则的各项内容。同时还要注意以下几个问题：

Why：（为什么）有必要吗？调查了吗？

What：（什么）什么是必要的？什么可以使用？

Who：（何人）谁最适合呢？为什么是他呢？请谁合作好呢？

When：（何时）什么时候开始好？什么时候完成？什么时候最合适？

Where：（何地）在什么地方最合适？放在哪里好？在哪里可以把东西弄到手？

How：（怎么样）怎样干好？怎么决定呢？怎么处理好呢？

建立了工作法则，就必须要严格拟定工作流程。企业制度要依循目标－计划－施行－评估的流程来建立。在制度条款上，应注意以下几方面的问题：

（1）设计计划实施岗位。

（2）标注完成日期。

（3）阐明细节：不能按预定时间完成而不得不更改计划时，一定要向上司报告并接受其建议，千万不可独断独行。

（4）及时上报：工作过程发生疑问，要经过上报－评估的过程。此时需要考虑以下两点：

①工作进行不顺利，必须阐明原因。

②工作进行得顺利，要总结成功经验。

企业的发展过程，是一个不断强化内部管理的过程，也是一个不断发现和解决效率问题的过程。制度对效率的影响，贯穿企业管理活动的始终，好制度解决了管理问题，就有利于企业高效快速地发展。而坏制度或没有制度，则会让企业产生更多的问题，使其错失良机，发展失速。

2.6　制度定了，就不能随意更改

制度建立后，企业所要做的是强有力地贯彻和执行，而不是畏首畏尾。制度本身需要稳定性，才能发挥效用，如果朝令夕改，就失去了权威性和可信度，那谁还会把制度当回事儿呢？

2.6.1　老板朝令夕改，谁愿意陪着瞎折腾

朝令夕改对企业的伤害，让一位企业老板深有感触：

“有一年开车回老家，亲戚开车，这位亲戚刚拿到驾驶证没多久，属于新手，我坐在副驾驶座上，心里很紧张，系上安全带，嘴里的话也少了，最后有惊无险，安全到达。回想十年前自己开车刚上路的时候，根本不理解在副驾驶坐车的人是什么感受，现在方才明白。

自己刚开了家公司，也犯了新手常犯的错误，往往刚建立的制度，却容易朝令夕改，看见别的公司有什么新经验，觉得很好，常常脑袋一热，拿来就用，过段时间，发现这个制度没有什么效果，又推倒重来，弄得公司员工无所适从。比如，公司原来制订的薪酬制度非常符合员工的期待，但后来我听了一些专家讲座，觉得人家提到的薪酬设计更好，不经过思考就照搬照抄，立刻重新制订了薪酬制度，结果会计抱怨不好操作，员工抱怨制度不合理，一通折腾后又改回原样。一来二去，员工流失很严重。现在想来，员工也像坐在副驾驶座的我一样，忐忑不安吧！”

这位老板的体会不可谓不深，企业制度不能朝令夕改，没有员工是愿意跟老板一直瞎折腾的。

企业管理和学开车很像，老板就像驾驶员，认准了车道，该直行时直行，该转弯时转弯，这个车道就是制度，如果不按照车道行走，方向盘想怎么打就怎么打，可想而知，坐在车里的人是什么心情？公司制度一旦确定，就该稳定执行，保持连贯性，让员工心里有底，也会有一定的心理安全感，从而提高员工对企业的满意度。

2.6.2 制度定了，就要服从

有调查显示，全世界最成功的商学院既非哈佛，也不是剑桥，而是西点军校。全世界500强企业中，有上万名高管都毕业于西点军校。那么西点军校的教育到底有何优势，能够培养出如此众多的企业家呢？

答案是：高度的组织性和纪律性。在西点，学员一进入军校的第一天，学会的第一件事就是服从。完全服从学校的安排，军事化管理。学校的老师又是学员的军事长官，对于长官的命令，学员不能提出任何异议，只有服从。当然，西点军校也不是完全不允许学员发表自己的意见和看法。在课下，学员可以就某个课题和老师充分讨论、沟通，但是在课堂上、在训练中，学员必须服从老师的号令，不得有半点犹豫。能进西点军校的人本身都是出类拔萃的人才，而能够在西点军校毕业的学生更是精英中的精英。

铁的纪律是事业成功的保证。很多企业家不明白这一点，认为员工对某件事有意见，或者自己对某项制度不满意，就应该改。这是不对的。既然在建立制度前，我们强调一定要和员工共同商定，那么确定下来的制度，一定是得到普遍认可和接受的。因为领导者自己的心意和少数员工的反对意见，就擅自更改制度，那么企业将毫无纪律可言。领导不遵守纪

西点军校校徽上的座右铭：责任、荣誉、国家

律，员工就有样学样，现在是对制度，以后就是对工作时间、工作目标、薪酬等等都不满，如此一来，企业将毫无威信可言。

当然，我们讲服从，并不像西点军校一样无条件地服从。要做到制度令人信服，首先要做到两点：

（1）制度面前人人平等。

西方管理学上有一个著名的“热炉效应”，用来比喻制度面前人人平等，就连管理者也不能例外的原则：无论什么人，触摸热炉时，都会在瞬间被热炉的高温灼痛，因此，当每个人通过疼痛得到了充分的警告后，就没有人再愿意去触碰热炉了。这表示，制度的结果不针对某个具体人。无论你是谁，只要接触热炉，违反制度，都会被烫伤。

（2）条文应该有一致性，不能前后矛盾。

条文前后矛盾常让员工摸不着头脑，无法工作，手忙脚乱，更给了一些偷奸耍滑的员工投机取巧、钻空子的机会。一点点的矛盾会逐渐扩大，影响到整个集体，整个团队，这样的企业不能为员工带来应有的福利，更不会给员工轻松的工作环境和公平愉快的心情。

一旦一个企业不能为员工带来获得感，那么上至企业老板，下至员工都会失去信心。在这样的企业是没有希望的，向心力和凝聚力也会逐渐丧失，企业制度的核心是要让员工的优势和潜能得到充分的释放，而不是抑制。因此，制度条文要有一致性，不要出现前后矛盾、冲突，要让员工看到只要按照制度执行，企业就会有希望，员工自己也会得到丰厚的回报。

每个企业都应该建立合理的长期制度，这是企业发展的根本动力，一旦确定下来，就不应轻易改变，应该下决心坚决执行。这样，企业才能稳步前进，获得长足发展。

第 3 章

高效执行：只强调执行力没用，你得用心培养

每家企业都在强调执行力的重要性，但是执行力还是上不去。执行力不是停留在管理者的嘴上，而是要落实到团队的行动上。并不是每一个团队在成立之初就能够做到高效执行，强大的执行力需要管理者用心培育。

3.1 员工笨死，领导累死，你真的不懂执行

为什么有的企业老板每天疲于奔命，在办公室里又是打电话，又是找谈话，忙个不停？而有的企业老板却有时间带着老婆孩子，游山玩水，享受生活。这关键就在于下属的执行力。

3.1.1 正确看待我们的员工

“你怎么那么笨啊？”

“你脑子不开窍啊？”

“工作要动点脑子！”

几乎每一个职场，我们都听到过老板们说过类似的话。也别怪老板，因为当他们吼出这句话时，自己的心情一定也非常糟糕。公司的事儿那么多，员工却总是干不好，怎么办，还不是要他们亲自解决吗？

曾经听一位移动公司的人说过，他们大客户的老板，每月话费账单成千上万，看着都累。每天有无数的电话要打给员工、打给财务，更要打给自己的合作方，为什么什么事儿都需要老板亲自出面呢？原因很简单，老板对员工的执行力不满意。可谁知道这背后的原因呢？

很多老板的想法很好，但到了落实和执行层面，员工却怎么也做不好，老板们往往归咎于员工的“笨”，也就是能力问题，殊不知，是自己在管理方面出现了问题，也就是对员工的态度问题，归根结底是你是否信

任员工的问题。企业的发展不能光靠你一个人，企业最终要靠的是一支队伍。因此，老板的态度首先要端正，不是一味苛责员工，而是要多鼓励员工，不要再想员工笨不笨的问题，而是企业生存的核心问题——老板必须依靠员工。所以，必须信任他们，无论好坏，都希望他们会变好，能变好。

被灌注了信任和信心，至少员工对每一项工作都会认真对待，避免发生低级错误，浪费不必要的时间。

视频 8　转变一个观念，世界从此为你而变

扫描下方二维码观看视频，告诉你应该如何正确对待员工。

3.1.2　执行力的来源是什么

老板觉得累，员工也不轻松。找对问题的所在才是关键。在工作中，老板没有给员工明确的方向、一定的压力、必要的指导，更没有给他树立一个典范，员工没有参照和模仿的榜样，当然工作起来就难上加难。

视频 9　中小企业老板最累的原因：不懂用授权来解放自己

扫描下方二维码观看视频，告诉你如何授权更有效。

一般来说，团队执行力来源于这几个方面，如图3－1所示。

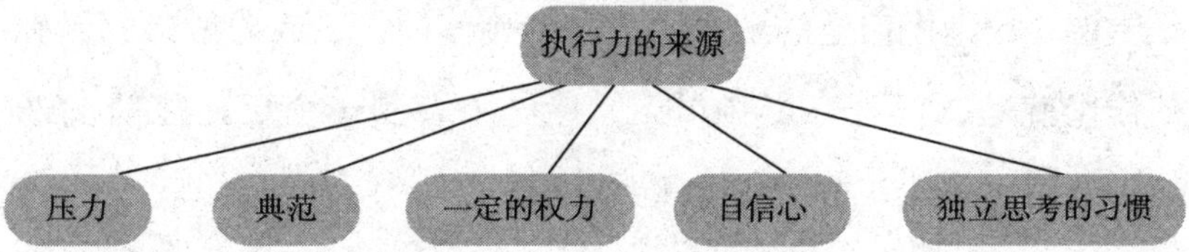

图3－1　执行力的来源

（1）压力。

很多管理者都抱怨，员工自主性不强，那我要怎么强迫他去做呢？其实问题在于，一是管理者没有主动帮助员工成长；二是员工工作是不是真的没有自主性。

实际上，很多管理者没有帮助自己的员工成长。作为管理职责，培养员工是其很重要的责任之一。而对于第二个问题，每位员工出来工作，都有他的追求。但人天性有懒惰的一面，原因是缺乏工作的动力。如果受到外部压力和内部压力的推动，员工就会积极起来。当然，压力是一把双刃剑，利用得好能够有效激发员工的潜力；而压力过大则会造成员工过于紧张，无法有效地投入工作，甚至发生“富士康”的悲剧。所以，公司领导要合理地把控对员工施加的压力，提高员工的工作热情。当然，很少有人能够做到自己给自己压力，那么作为管理者，我们可以通过施加一定的压力，让员工清楚地知道工作的紧迫性，压力在短时间内不一定能改变员工，但是只要你有足够的耐心，没有什么是不可能改变的。

（2）典范。

企业有执行不到位的人，就有执行到位的人。而执行到位的人就会给执行不到位的人树立典范，公司衰败的原因并不是所有人的执行力都差，而是执行到位的没有带动执行不到位的，没有携手共同进步。

因此，我们应该提高那些执行到位的员工在公司内部的影响力，让他们去影响执行力差的员工。甚至可以让他们给那些执行力不佳的团队和个人上几堂课，用他们自己的亲身经历去影响其他人，成为效仿的目标，用典范的作用就是以自身来影响员工，让员工看到一个正在往前奋进的榜样，这种效用比单纯的苛责和批评要管用。

（3）一定的权力。

有一位管理者跟我说，他的员工总是在一些小事上耽误时间，拖拖拉拉。然后他就开始找原因，后来才发现，这位员工正在做的工作做烦了，认为没什么意义。于是，他有意识地给这位员工交代一些新性质的任务，并跟这位员工说，只要把最后结果给他审核确认就可以了，做错了也不要紧。结果他发现，这位员工还是在细节地方犯了错误。

于是他又跟这位员工说，以后做事情有什么疑问，尽管来找我，最后也不用给我审核了，所以你要负责任，一定要认真完成。在这之后，这位员工的工作再也没有出现过问题，细节上也没犯过错误。

员工执行力差，还有一个关键因素是管理者束缚住了员工的手脚，很多管理者没有给员工发展的机会，一些重要事务不敢放手交给团队去做。一个人总是接受一些简单重复的工作，他的干劲肯定会下降，这就是很多管理者纳闷为什么那么简单的工作，员工都做不好的原因。是因为这样的工作对员工已经没有了吸引力和挑战性，管理者要培养员工的意识，把工作内容大部分都交给员工去做，当然，重要的是监督和反馈，一定要监督员工的工作进度和工作过程。

（4）自信心。

某岗位因为待遇不是很好，很多被选派到这个岗位的员工执行力都非常差，渐渐地，没有人愿意再出任这个岗位，到岗的员工也对自己失去了信心。于是，这个岗位的管理者就经常找员工谈话，分享他自己的心得，让员工意识到，之前很多这个岗位的员工，都非常出色，只要愿意付出努力，一定会和其他员工一样优秀。不久，这个岗位的员工在管理者的激励下，精神面貌焕然一新，更加自信，执行力和工作效率也大大提升了。

员工的执行力如何与管理者能否正确引导和激励有着非常大的关系，管理上最忌讳说员工这不行、那不行，这说明你在放弃员工，也在放弃自己帮助员工成长的机会。所以，一定要鼓励员工增强自信，员工有希望，老板才不会失望。

（5）独立思考的习惯。

有一位杰出的管理者被问到如何让员工快速成长时说道："其实做法很简单，就是不要下论断，而是要提出问题，而且不急于给出问题的答案，先让员工自己去寻找解决问题的钥匙，一开始他们压力很大，或者说很难适应，但是我告诉他们，只要肯思考，没有问题是解决不了的。

员工的执行力差，很多情况是畏难情绪在作祟。很多员工不经思考，就觉得此路不通，时间就在犹豫和退缩中渐渐流逝了。因此，管理者要训练员工独立思考的能力，在出现问题时，员工不是把问题直接抛给老板，而是先试着解决问题，尽管有时候员工的办法不一定被采纳，但是如果有人能够自主地去思考问题的时候，他们的成长也是迅速的。因此，管理者要鼓励员工独立思考，不能把员工这种自主性理解为知情不报、擅作主张。如果能够在员工层面解决问题，老板能够省下的时间和精力就多了不少。

企业需要梦想，需要战略，更需要最为直接的力量——执行力。执行力的提升需要企业培养员工不畏艰难的自信，更需要鼓励员工自身不折不扣、稳扎稳打地坚持和努力。

3.2 影响团队执行的五大障碍

每个管理者都希望提高团队的执行力，因此希望获得有效的方法来解决问题。要治病，先找病因，我们首先要知道团队执行力不强的根源在哪里。

3.2.1 理想目标的缺失

马云曾说，30% 的员工永远不可能相信老板。不要让你的员工为你干活，而应该让员工为共同的目标干活，共同努力，团结在一个共同的目标下面，就要比团结在一个企业家底下容易得多。所以，首先要说服大家认同共同的理想，而不是让大家来为你干活。

一个人为了实现理想，往往能够迸发出很大的潜力，优秀的管理者要在精神上让自己的团队成员有所期望，为一个远大的目标而聚集在一起，并为之奋斗。

企业该往哪里走，员工又该往何处去？如果企业回答不了这个问题，团队就缺乏明确的目标，那么工作就必然会迷失方向，这会削弱团队的执行力。在这个时候，即使团队想去执行某项工作，也会苦于没有目标。

高效的团队需要有明确的奋斗目标，企业家要达到自己的预期就要为自己的团队设定一个被高度认可的理想，这样才能够凝聚人心，让自己的团队高效地运作起来。马云深谙这个道理，从阿里巴巴成立之初，大家都为了能在电子商务领域成为超级巨头而努力奋斗。

很多企业在高速发展的过程中，团队成员的执行力还是很强的，当企业的发展速度降低了以后，企业没有制定明确的目标，团队的积极性就会明显下降，其凝聚力也跟着下降。人心散了，队伍不好带了，执行力就会受到很大的影响。所以，在团队建设和管理的过程当中，一定要加强目标的明确性。

3.2.2 沟通上的漏洞百出

管理学上著名的“沟通漏斗”理论，如图 3－2 所示。

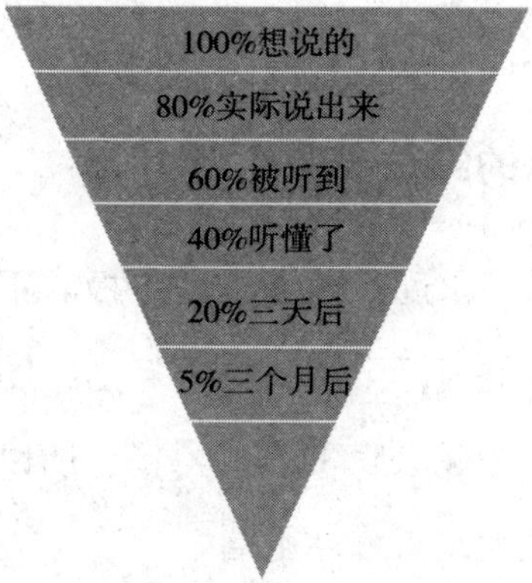

图 3－2 “沟通漏斗”理论图

这一理论告诉我们：如果我们把所有的想法 100% 地表达出来，与团队成员沟通的时候却只能讲出 80%，这是由于场所的干扰、精神上的分散等原因。而另一方面，团队能够吸收的最多只是 60%，能听懂的部分只有 40%，到执行时就只剩下 20% 了。三个月后，老板当初讲了什么，只有 5% 的部分能够被记住。如果双向沟通方式本身出现问题，那这个漏斗遗漏的信息会更多。

当管理者的指示并没有灌输到团队成员的脑海中，而是像漏斗一样漏出的时候，团队的执行力就会受到很大影响。所以管理者需要做的，就是把沟通漏斗倒过来。那应该如何才能做好沟通呢？

1. 着重沟通

绝大部分的管理者都是把所有计划和事项一同传达给下属，殊不知下属有理解能力上的差异、知识面及技能的局限性，因此，最终的执行力是要打折扣的。根据沟通漏洞理论，管理者应该化繁为简，从他们的角度去和他们着重沟通其能听懂和执行的，这是个明智而有效率的选择。

2. 区别沟通

要想让一个计划得到100%的执行，就必须将计划一分为二，也就是“部分－部分”，我们将其中的一部分作为重点向团队一部分人做着重介绍，再将另一部分作为重点向剩下的团队成员进行着重介绍。一方面，整体计划交代完成；另一方面，由于两部分团队都听懂了，因此整体计划就会得到有效的执行。

区别沟通，需要我们了解自己的团队，“因材施教”：谁具备什么技能？他的工作经历，在过去的工作执行中他的优势和缺点，他的性格和技能，与谁可以互补，等等，这在我们划分团队任务方面至关重要。

3. 让团队了解自己，并辅以一定的管理

作为一个管理者，既要去了解自己的团队，也要努力让团队来了解自己。如果一个管理者，能够让团队成员清楚地了解到自己的行事风格、执行要求、效果检验标准等信息，团队成员们就会努力地向自己所要求的方向上去靠。

4. 多种形式沟通，反复强调

会议沟通、语言沟通、邮件沟通、书面沟通、文件沟通……都是可以选择和运用的沟通形式。现实中的多数管理者往往会忽略以下几个方面：

（1）忽略反复沟通的必要性。但实际上，重要的事情要重复说，这更利于统一认识，将指令及计划的相关重点深入团队成员的内心。

（2）口头沟通过了，不需要书面文件。其实口头沟通的遗漏性更大，容易“左耳进，右耳出”。而书面形式一般都是经过深思熟虑后拟定的，因此更具严谨性。

（3）会上讲过了，没必要单独强调了。但会议面临的执行环境、执行条件，与个别沟通相比效果上存在较大差异，而这些差异正是造成执行力高低不同的重要原因。

3.2.3 团队内部钩心斗角

如果团队成员之间钩心斗角，那么，不和谐的氛围可能会使团队的执行力受到很大的影响。团队领导者要解决这一问题，需要注意以下几个方面：

（1）工作分配是否出现了问题。这包括工作量是否平衡、规则是不是出了问题？

（2）用人是否合适。针对某个特定岗位，其人在能力上是否胜任？

（3）是不是团队成员之间的矛盾没有得到及时处理？

3.2.4 约束力不够大

波音公司有这样一个管理策略，在每周五的下午，公司都会广播一条新闻：波音公司将在下个月中旬倒闭。实际上波音公司不会倒闭，只是想通过这样的方式来提醒大家：如果我们不注意自己的行为，不保证自己的执行力，不努力工作，公司很有可能在下个月倒闭。在此运用的就是树立危机意识的方法，以此增加团队的约束力，进而提高执行力。

一个团队在松懈的状态下，其执行力往往不够强。而当一个团队松懈的时候，往往是因为约束力不够，团队领导者对下属的要求不够严格。首先，管理团队的时候，领导者可以用一些制度和流程来增强约束力，保证团队成员的执行能力。其次，也可以通过树立危机意识来提高执行能力。

3.2.5 团队素质低下

有这样一个故事：一次，老虎、狮子和狗熊一起想拉动一头大象，他们套上绳索，拚命用力拉，可大象还是躺在那里，一动不动。原来，它们三个根本没有形成合力。老虎拼命向前拉，狮子则是向后拖拽，而狗熊只想把大象拖进自己的洞里。

团队素质的高低，除了体现在业务上的精湛之外，还需要具备管理上的综合素质。综合素质主要体现在协调、沟通与反馈的正确合理把握。

一个企业、一个部门，如果员工之间不协调，工作就施展不好，只会把事情弄糟，引起痛苦烦恼。无论一个公司的金钱、设备和物料的总和多么强大，如果没一支愿意进行思考和清醒的人们组成的队伍可以使用，工作任务将不能执行。

同样，团队在执行的过程中，也会遇到需要其他部门或是其他同事协助的时候，如果没有建立良好的协调关系，单凭个人的能力，是完成不了任务的，因此所要达成的目标也就成了空谈。

影响团队执行力的病因找到了，就很容易开出药方。剩下的就是按方抓药，药到病除了，管理者要一点点克服执行力的障碍，并通过各种途径和手段，提高团队的整体执行力。

3.3 组织结构扁平化成就高效执行

在《世界是平的》一书中，托马斯·弗里德曼描述了科技和通信领域如闪电般迅速地进步，使全世界的人们可以空前地彼此接近，快捷和高效更有助于成长和崛起。世界的平坦化正在剧烈地改变人们的生活方式。而对企业来讲，伴随而来的变化不再是繁琐的组织结构，反而是简单、扁平化、有执行力的企业，更能把握住市场的脉搏。

3.3.1 什么是扁平化的组织结构

史玉柱曾经在一次演讲中形象地描述扁平化的组织结构：在第二次世界大战期间，美军的一个师或一个军，是以万人作为一个作战单位；到了越南战争的时候，美军的作战单位已经变成几百人的一个营了，总参谋部直接把一个命令下到一个营去完成；到了后来的伊拉克战争，美军作战单位已经变成了一个班，而一个班真正的战斗人员不到一半，其他都是负责传递信息，完成指令的。作战组织的演变趋势是这样一个过程，我想公司组织的未来也会是这样。

传统企业的组织结构，多以金字塔结构为主，如图3－3所示。金字塔形结构的企业，包含多个管理层次，如高层、中层、基层管理者，共同组成一个金字塔状的结构。董事长和总裁是最高管理层，他们的指令逐级传递，最终传递到一线人员，再由一线人员面对顾客具体执行。

实行扁平化管理的企业，管理层次少，管理幅度大，如图3－4所示。它省去了中间管理者，而是由某一个高层管理人员直接管理或控制更多的部门。一般而言，传统的金字塔结构更偏重于控制，扁平化的组织结构意味着协作和执行。相对少的管理层级，让团队更加自主和灵活。

图3－3　金字塔形组织结构

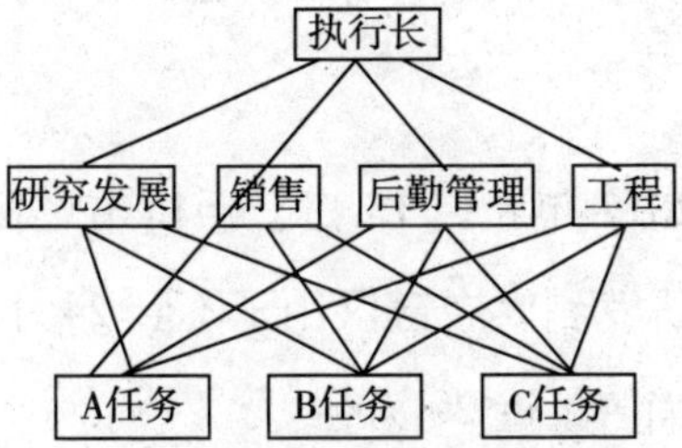

图3－4　扁平化组织结构

也正是因为这样，在信息高速传递的互联网时代，这种管理模式被越来越多追求创新的企业运用。

管理方面的薄弱一直是中国企业执行力低下的重要因素。欧美企业的执行效率明显优于中国企业，原因就在于发达国家早已经摒弃了垂直型金字塔组织结构，而采用扁平化的组织结构，这可以看出管理水平高低对于团队的执行力具有重要的影响。

3.3.2　扁平化的正确打开方式

小米的组织架构是扁平式，分为三级：七个核心创始人＋部门负责人＋员工，如图3－5所示。

小米有几大业务，包括营销、产品、投资，等等。每一项业务都由一名创始人坐镇，创始人之间互不干涉，而是只管理各自的员工。

小米公司有近万名员工，但每一个团队人数不多，因此小米公司是由无数小团队构成的，这样的管理制度减少了层级之间互相汇报所浪费的

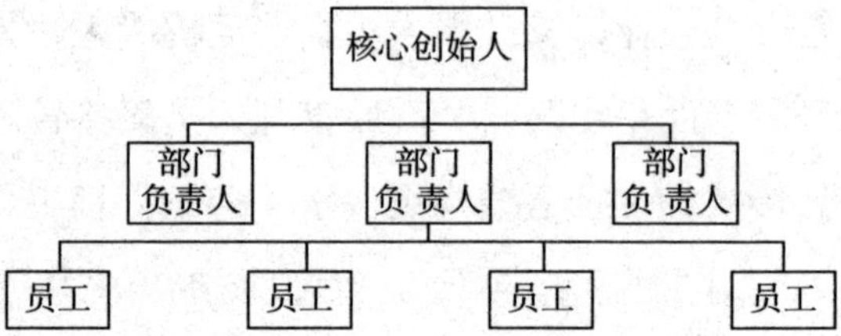

图3-5　小米三级组织结构

时间。

2012年8月15日，手机市场掀起了网络营销大战，小米从策划、设计、研发到供应链仅用了不到24小时准备，上线后其微博转发量近10万次，销售量近20万台。

24小时的时间，很多企业估计还在没完没了地进行领导审核和完善方案。如此强大的团队执行力，正是扁平化的组织结构塑造出的。然而要塑造高效执行的扁平化团队，并非是简单地管理岗位和部门的裁撤可以实现的，而需要满足以下几个条件：

（1）企业需要调整现有管理流程，设计简易化的管理机构和岗位，人员和岗位要做到责权对应，精干高效。

（2）实行扁平化并不代表可以抛弃管理，一开始就全面推行扁平化，会给企业带来很大的管理风险。在现代企业组织结构中，金字塔形和扁平化模式是可以共存的。很多企业会在与市场关联度高的部门，首先推行扁平化管理。

（3）扁平化管理更适用于中小企业，企业的扁平化，意味着管理越少，这样可以释放团队的创造力。此外，初创企业成长速度快、人员规模小，早期进行扁平化管理也会更为有效。

3.3.3　组织扁平化，老板如何做

国内某著名酒业集团，近年来提出了他们的“扁平化”方案，如图

3 –6所示。

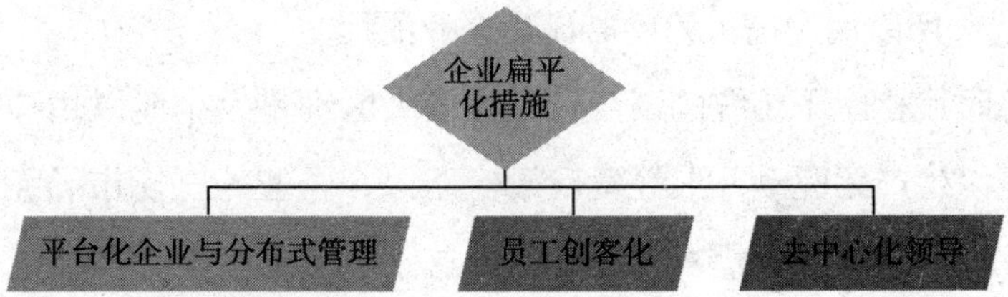

图 3 –6　企业扁平化措施

（1）平台化企业与分布式管理。

企业不再强调集中式的中央管控，而是通过分权和授权，把权力下放到最了解市场和客户的销售团队中去。

（2）员工创客化。

企业内部设立了创业基金，并与专业投资公司合作，鼓励员工进行内部创业。员工只要有好主意、好点子，公司就可以给资金鼓励他组建队伍去创业，而且员工可持股。

（3）去中心化领导。

强调“人人都是 CEO”，人人都成为自主经营体，员工也可以去做 CEO 做的事情。此时，管理者要从发号施令者转变为资源的提供者和员工的服务者。

很多人可能还是会担心，扁平化组织会弱化企业管理，让管理层失去话语权和控制力。其实，扁平化的组织结构，是针对市场环境的变化，使团队做到快速反应，高效执行有效变革。企业由管理层为中心，改变为一切以用户为中心，才能更好地适应竞争激烈的环境。而且，去中心化并不代表去管理化，在扁平化组织结构方面，管理者还要做到以下几点：

（1）扁平化下的权力分配。

在扁平化组织结构中，管理层需要针对市场现状，将决策中心下移，赋予市场人员一定权限。这种权力的再分配，需要老板进行有效的设计和思考，才能实现其目的。

（2）一切以用户需求为中心设计企业流程。

信息时代相比于传统的工业时代的最大区别是，企业以用户需求为驱动而不是以生产为驱动开展经营活动。所以，企业的一切市场经营、一切决策流程都要围绕用户需求来设计。而这一观念的改变，需要老板身先士卒，老板变了，员工才能跟着变。

（3）减少不利于市场开展的所有中间流程。

20 世纪 80 年代，通用汽车公司结构非常繁冗，腐败丛生，决策缓慢，通用电气公司也因此差点破产。为了应对激烈的市场竞争，杰克·韦尔奇上任后，对原有组织结构进行调整，由金字塔管理调整为扁平化管理，即原来多达 26 个层级的管理结构，削减为 6 个层级，1/4 的管理人员被裁减，60 多个业务层次组合为 12 个业务部。企业结构调整后，产生了巨大的经济效益。

要针对市场更快地做出决策，就需要减少审核流程，除了给予一线充分合理的授权之外，还需要减少妨碍决策的中间环节。而这一大刀阔斧的变革，没有老板的决心和魄力，都是办不到的。

（4）建立学习型团队，扁平化组织才有生产力。

扁平化减少了企业层级、增加了管理幅度，也意味着企业给予成员更充分的授权。这种决策中心的下移，让团队成员拥有了原来由高层掌握、行使的权力和职能。这要求团队在直面市场时具有决策快、执行快的能力，学习型团队的建立，正是为了弥补这方面的能力短板。让每一位成员在工作中学习、在学习中工作；在实战中快速成长。

英国管理学大师加里·哈默尔说：“执行力不足的病症，便是管理层次太多，组织结构上的一项基本原则是，尽量减少管理层次，尽量形成一条最短的指挥链。”扁平化组织结构的建立，是保障企业执行力的关键一招。

3.4 让专业的人去做专业的事

管理学上有句名言，“让正确的人在正确的位置上，做正确的事。”团队能够有强大的执行力，人是关键。让有才能的人发挥他的特长，让专业的人去做他精通的工作，无论是工作效率还是工作热情，都会得到提高。团队作战要人尽其才，避免人员使用的错位，这是非常重要的。

3.4.1 让最擅长的人替你做事

1984 年成立的联想公司，是中国最资深的 IT 企业，经过近 20 年的发展，到了 2004 年，高瞻远瞩的柳传志在思考，如何让联想的竞争优势保持到下一个 20 年。

21 世纪初，联想的电脑 PC 端在国内发展迅猛，但是在国外，鲜少有人知道联想电脑这个品牌。在国际上，联想的影响力远不如苹果、三星、戴尔。虽然由于中国互联网的发展，个人和家用电脑的需求还在增长，然而联想在国内市场的占有率也依然不见起色。

联想需要有创新精神的人来带领，柳传志敏锐地发现，必须有一个人站出来，让联想顺利打开国外市场，从而产生国际品牌影响力。于是，柳传志选择了杨元庆和他的团队来做这件事。在柳传志看来，杨元庆年轻，思维开放，懂得抓住机遇，最擅长拓展市场。果然，杨元庆瞄准了世界最大的科技公司 IBM 的个人 PC 业务：首先，IBM 是拥有近百年历史的企业，其品牌影响力在全球首屈一指；其次，在2004年由于个人PC业务出现了亏损，IBM放弃了这项业务，转为在全球寻找合作方。

作为世界上最大的商业数据运算中心，世界上哪一家科技公司都少不了IBM的数据支持。个人电脑业务也只能算是IBM的一项副业，但它的个人电脑业务对联想这个正处在十字路口的企业太重要了。杨元庆果断出击，经过多轮谈判，最终以12.5亿美元的价格收购了IBM的个人电脑业务。

这项收购对联想有着划时代的意义。从2005年开始，联想的电脑业务呈爆炸性增长，一跃成为全球第四大个人电脑厂商，中国的市场占有率也超过了30%。事后，柳传志曾说："收购IBM这件事让我明白了，执行就是让最擅长的人去为你做事。"

我们的大多数企业家，每天都在想什么呢？这个人才，必须什么都会做，面面俱到，八面玲珑，才能为我所用。但这个观念是非常错误的。没有人是全才，只有专业的人才。很多企业在培养人才方面，讲求通才，这样的企业往往都有所作为。很多人总结华为的强大，是因为其财务管理负责人是毕马威，客户管理是埃森哲，在人力资源、薪酬体系、集成的产品开发管理方面，华为不惜重金，或吸收人才，或外包咨询，企业管理的哪一项华为都力求做到精致、专业。让团队高效执行，其实很简单，像联想和华为一样，用专业的人去做专业的事。

3.4.2 如何做到人尽其才

本田汽车公司的创始人本田宗一郎认为，要把一个公司做大做强，就必须要靠各种类型的人。在经营本田的过程中，他重用藤泽武夫就充分体现了这一原则。

藤泽武夫和本田宗一郎在性格上完全不同，但本田发现藤泽武夫在客户开拓方面有着非凡的才能，于是，公司产品的销售和经营完全由藤泽负责。1971 年本田和藤泽同时退休。为了将公司交给既专业又有能力的人，他们规定，企业上层一律不得进入公司工作。

本田公司告诉职工，不要考虑为公司工作，而是要为自己工作。在本田这种尊重人的精神到处可见，人员安排、调动提倡毛遂自荐，只要你够专业，公司就会放手让你做事。在对本田职工进行的一项关于“本田精神的核心是什么”的调查中，回答顺序分别是独创性、要为自己工作、人尽其才、不怕失败。

如何做到人尽其才，对许多管理者来说，识人、用人、选人的过程也是提高团队执行力的过程。

视频 10　拥有自己的“长板”，就有可能把才能发挥到最大化

扫描下方二维码观看视频，告诉你如何用人之长。

（1）不给人才设立门槛。

马云说，泥腿子里也可能出人才。阿里巴巴刚成立时，雇佣了一名保安，这名保安在公司久了，对于产品创意渐渐有了些心得，马云就让他来做阿里巴巴的产品，这名保安最后成了阿里巴巴的产品总监，身家过亿。

（2）用人是一门艺术。

有时候通过简单的七八条工作和教育背景就去判断一个人，阻挡了更

多人才的道路，这对寸有所长，尺有所短的员工来说，是一种歧视。

（3）只有员工不断尝试去做事，老板才能发现他的才能。

企业应该鼓励员工大胆、主动地做事，不设学历和经验的门槛，甚至应该建立员工自荐机制，只要通过了考察，企业就该赋予其做事的权力，不怕做错，就怕不做。

（4）专业人才毕竟有限，而企业更应该做的是注重培养人才。

美国心理学家罗森塔尔做过一个实验，他走入一所大学，从6个班级里各抽取了3名学生，并将这18名学生的名单交给校长，然后非常认真地说："这18名学生都是高智商，以后会成为非常有用人才。"

多年后，这18名学生都在不同的岗位上做出了非凡的成绩，这绝不是出于偶然，而要归功于罗森塔尔的激励效应。

这一现象说明，管理者要让下属发挥自身的主动性、积极性和创造性，下属就会朝你期待的方向发展，专业人才也就在期待之中得以产生。一个人如果本身并不是专业人才，但是经过激励后，才能得以最大限度地发挥，不专业也就变成了专业，如图3－7所示。

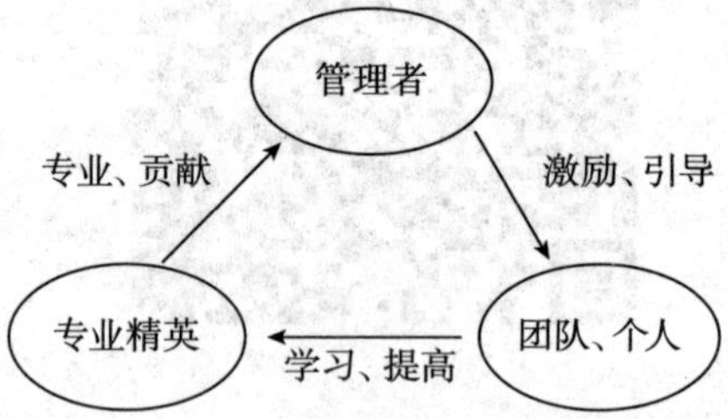

图3－7　罗森塔尔激励效应

（5）发现员工的兴趣。

杰克·韦尔奇刚进通用电气公司不久，就成为工艺开发项目的经理，负责将公司的研发项目转化为产品。开发团队每天的工作任务都十分繁重，但是韦尔奇非常快乐，因为他对设计充满了浓厚的兴趣。他成功了，他研发出了该产品，并取名“诺瑞尔”。而当时，公司内部都不看好这款产品，没有人愿意进入到这款产品的生产团队中，只有韦尔奇渴望这个工作，而最终他成功了，诺瑞尔成功地进入市场，而且销售量迅速攀升。

做到“人尽其才”，就要发现并鼓励员工的兴趣，让员工做想做的工作。如果韦尔奇不进入研发团队，他就不会有那么强烈工作的热情，投入那么大的精力到工作中去，更不会有未来的成就。做到人尽其才，企业才会越做越强。

一个团队的状态，就是要让正确的人出现在正确的岗位上，而不是在正确的岗位出现错误的人，更不是把正确的人放到错误的岗位当中去。这就需要管理者发现并尊重员工的兴趣，员工自己了解自己的兴趣和想法，他们如果提出要求，管理者就要鼓励他们去尝试，从而让我们的企业能做到把正确的人用到正确的岗位上去。

做到“人尽其才”，让专业的人去做专业的工作，能做到这点，团队执行力就会更迅速，企业壮大的速度也就更快。

3.5 绝不拖延，只看结果

有很多管理者，一谈到执行，就是一个字：快。但是只片面要求争分夺秒地工作，工作的质量怎样保证呢？所以，在执行层面，管理者一方面要求员工不要拖延；另一方面也要重视工作的质量结果，时间和质量兼顾，企业才能够走得更远。

3.5.1 团队作战拒绝拖延

一家设计软件的小公司，公司只有 10 多个人。这 10 多个人包括总经理在内，本身就是一个团队，他们通常自主开发的一些软件，用项目承包制度来为企业设计各类商业和管理软件。

在实施项目过程中，总经理有绝对的权力，他可以对该项目组成员分配工作，工作量体现在薪酬上；还可以根据项目的进展情况，增加或者减少项目组成员；甚至还有分配项目组成员奖金，等等。

公司成立之初，员工的积极性很高，做事也非常快，项目奖金也很可观，但是这也引起发一个问题，那就是项目常常拖延交付。这主要是由于有的团队成员为了多赚钱，一个人抢着做几项工作。比如，一个软件后期功能测试，按照公司规定，要两位软件工程师共同完成。但是有一位工程师总是一个人先完成了，结果本来一个月可以完成的测试，却晚了 10 天左右才完成。

而另一位工程师，由于自己本来的工作被别人抢着干了，工作的积极性也不强，所以前期的开发设计阶段效率也不高，经常拖拖拉拉，这样交付日期就更晚了，拖延工期对客户关系和公司工程回款产生都产生很大的影响，渐渐地，这家公司的项目开始减少了。

这个案例的问题出在工作任务不够明确，导致了责任分散，工期势必拖延。“一个人干两个人的活儿，两个人干的未必比一个人干的多”的现象，在很多企业都存在。作为管理者，一定要在工作中确立“一个人只负责一件事”的原则，因为当一个人负责某件事时，他就必须承担责任。多个人负责同一件事，或者一个人负责多件事时，这样的责任就被分散了。

心理学家发现，责任分散效应（Diffusion of responsibility）能够削弱工作的执行力度，即对某一工作来说，如果是一个人被要求单独完成任务，责任感就会很强，会做出积极的反应。但如果是要求两个人共同完成任务，这两个人的责任感就都会削弱，面对困难或者责任时往往也会退缩。

所以，管理者在分配工作任务时，一件事务必只派一个负责人。做得好要奖励，做得不好就要惩罚，关键是要有明确的负责人。

除了责任分散导致工作拖延，执行力削弱的原因外，还有以下两点值得管理者注意：

（1）工作没有先后顺序。

人性中，都存在着“贪图安逸”的成分，很多员工习惯做事先挑简单的做，最后再做难的，甚至很多管理方面的专家和教材，也习惯于推广这种“先易后难”的工作方法。但是，这样的做法容易让很多人逃避棘手的工作，慢慢地就养成了“拖延症”。

因此，管理者可以从这个方面入手，在每天的工作中，先将棘手的、难以完成的任务让员工集中精力一起完成，之后再让大家做一些轻松且容易的工作。这样，既可以提高工作效率，又能防止员工“拖延症”的形成。

（2）缺少紧迫感。

如果没有明确的时间限制，一个团队对事情的紧迫感也会随之减退。“帕金森定律”指出，如果给一个人安排了充裕的时间去完成一项工作，他就会放慢节奏或者增加其他项目以便用掉所有的时间。所以，在给员工分配任务时，不但要明确任务的重要优先级，更要明确交付任务的时间。

很多管理者在时间上习惯对员工说：“这件事周五下班前完成、一个星期完成、月底完成、越快越好……”这种模糊且抽象的时间限定，已经被越来越多次地证明是无效的。正确的做法是，在24小时内以小时计。例如，5小时内完成、10小时内完成。如果在24小时以外，两天以内的时间为完成期限，就要以第二天的准确时间点来规范员工。例如，在明天下午两点之前完成。工作周期超过3天的，就要明确完成那天的日期。例如，在本月10日前完成，等等。规定完成日期的限制一定要明确，才能增加员工对完成工作的紧迫感。

此外，沟通上的障碍也会极大地影响团队的执行力。麦肯锡公司有一个“电梯法则”，讲的是假设你在电梯里，只有30秒的时间来向一位客户推广产品，这种紧迫感，使得你不得不用最明确的语言来表达你的意图。在确保执行力方面，“电梯法则”有很大的现实意义，如果团队成员在30秒内不能说明自己的想法，那他工作的逻辑很可能也是混乱的。所以管理者要求团队在完成方案或项目时，尽量缩短沟通时间，5分钟内普通人的语速在1000字左右，完全可以表达自己的中心思想。

“电梯法则”应遵循“中心论点－分论点－论据”的次序表达（如图3－8所示），这会让日常的工作沟通更加简洁、清晰，也避免了重要信息的遗漏和模糊地带的产生。

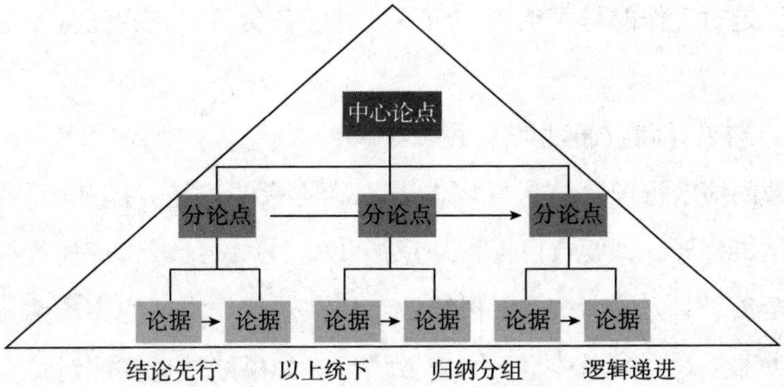

图 3－8 “电梯法则”沟通论述方法

3.5.2 以结果为导向，拒绝虎头蛇尾

团队工作，缺少督促和反馈，就会常常沦为“虎头蛇尾”：某公司的管理者非常喜欢开会，每次开会都会提出企业面临的问题，并将改进计划落实到每个岗位、需要改进的事情也依次排序。可是到了后来，任务完成得如何？又有哪些还没有完成？统统没了下文，反馈意见也都是以“顺利完成”为结论而敷衍了事。渐渐地，公司就形成了老板安排做的事都得不到重视，整个团队的执行力受到弱化。

很多团队都把执行的重点放在计划和效率上，却很少放在结果上，计划固然重要，但对结果的跟踪和反馈更为重要，做事虎头蛇尾，要么有始无终，要么应付了事，进而使整个团队在执行力上受到影响。因此，管理者既要重视计划，提高效率，更要以结果为导向管理团队，同时也要注意以下两点：

（1）任务完成不等于达成结果。

绝大多数企业在工作中，没有区分执行和完成任务的区别：完成任务就像是一个人跑到了终点，但执行更注重的是在他到达的终点的同时，有没有犯规，有没有撞线。管理者要懂得，对结果负责就是对我们工作的价值负责，是对工作的程序负责，而不是对任务负责，完成任务不等于达成结果。

（2）结果导向应通过具体途径去实行。

有效的绩效管理是结果导向能够正确实行的途径。提升团队执行力，必须以结果为导向，要有目标管理意识和能力，以绩效管理作支撑。对事的考核要重于对人的考核。如果绩效考核在对工作本身的完成情况方面开了天窗，那么对人的考核也无法有效执行。如果绩效考核能对每个岗位制定出关键绩效指标，然后再结合具体岗位的具体工作完成情况进行考核，就会减少很多盲目性。

团队的管理如果能够形成不拖延的工作作风，以及坚持以结果导向的考评制度，那么团队工作就有了明确目标，在企业中会形成很强的执行力，并成就企业、团队和员工个人的辉煌。工作不拖延，结果有成效，这样的执行力才能够成就企业、团队及员工个人。

3.6 注重细节，精准执行

“泰山不拒细壤，故能成其高；江海不择细流，故能就其深。”企业的发展，团队的建设，细节决定成败。

很多企业执行结果差强人意，是因为企业中好高骛远的人很多，但愿意把细节做好的人又很少。企业从不缺少战略家，但缺少的是精益求精的执行者。企业也从来不缺少流程与制度，缺少的是将工作精准到位的执行。

3.6.1 “荣华鸡”为什么做不过“肯德基”

“荣华鸡”成立于 1991 年，他的产品曾以比肯德基更便宜的价格，及更适合中国的口味，吸引了众多国内消费者。在“荣华鸡”建立的初期，公司迅速扩张，在北京、天津、深圳等 20 多个省市都设立了分店，甚至还一度走出国门，进入东南亚市场。

1994 年，公司负责人曾经信心满满地表示：“我们的目标就是赶超肯德基，成为全球最大的快餐企业，肯德基开到哪儿，我们就开到哪儿！”

然而，一夜之间暴得大名，并不是什么好事。荣华鸡的风光逐渐不在，在与肯德基的较量中逐渐趋于下风，到了 2000 年，北京最后一家荣华鸡分店关闭，正式宣布了肯德基的胜利。

那么，曾经红火一时的荣华鸡为什么败给了肯德基呢？细究之下，我们才发现，原来荣华鸡不是败在产品和服务上，而是败于细节。

荣华鸡在细节上的不足，首先体现在对厨师的管理上：荣华鸡在全国邀请了众多名厨帮助他们加工产品，然而这些名厨都是手工化操作，每个厨师做的口味都不一样，无法达到标准化。所以，荣华鸡的食品没办法根据标准进行批量化生产。而肯德基却有一套严格的管理制度。肯德基在制作和服务等所有环节中，每一个环节都有着严格的质量标准，并有着一套严格的规范保证这些标准得到一丝不苟的执行。

例如，肯德基规定，鸡养到 7 周就一定要杀，因为肉鸡长到第 8 个星期时口感就显老了。荣华鸡显然没有细致到这个份上。这也正是荣华鸡失败的原因。

团队执行，除了效率、质量，还有一个非常重要的方面，就是精确化和标准化。而精确化和标准化则是通过细节体现出来的。肯德基就是成功把细节融入到执行中的成功企业之一。

据统计，至今为止，全球寿命超过 200 年的企业，日本有 3000 多家，为全球最多，德国有 800 家，荷兰有 200 家，法国有 200 家。为什么这些长寿企业扎堆出现在这些国家，这是一种偶然吗？他们的长寿秘诀是什么？因为他们都非常注重实施严格的流程和细节。

肯德基作为七十多年的老企业，从他们的例子可以看出，团队要实现细节管理，就必须首先形成精益求精的执行文化。而文化形成来自于习惯，要让企业注重细节习惯，首先就是要做循环而又不重复的工作，即“4A 循环”，如图 3 – 9 所示。

4A 循环的关键点在于评估。企业必须对执行结果做出客观科学的评估，才能发现细节中存在的问题，并对问题进行分析改进。

3.6.2 “10 分钟悲剧”呼唤执行必须精准到位

2008 年 9 月 15 日晚 10 时，美国第四大投资银行——雷曼兄弟公司宣

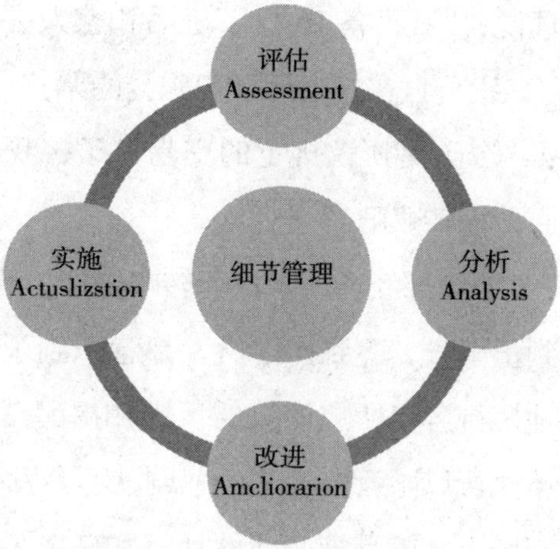

图3-9　细节管理“4A循环”

布破产。让人匪夷所思的是，德国国家发展银行在10分钟后，竟然向雷曼兄弟公司即将冻结的银行账户转入了3亿欧元。

消息被媒体曝光后，舆论哗然，大家都觉得难以置信，因为在数周之前，雷曼兄弟即将破产的消息就已经传开了，为什么德国国家银行一点风险意识都没有？也没有提前做好防范措施。人们不禁要问，短短10分钟，这家银行内部到底发生了什么，导致了这一悲剧？

很快，政府派出了调查组来调查这一事件原因，而在调查中，调查组惊讶地发现，在这短短的10分钟内，银行高层都意识到了要终止付款给雷曼公司，但是没有人精准地去执行。

银行的首席CEO抱怨说：“按照银行规定，是否撤销这笔交易，应该让董事会开会讨论决定。”

董事长却说：“我还没有看到风险评估报告，无法及时做出正确的决策。”

董事会秘书说：“第三方评估公司负责这项风险评估，但雷曼公司宣布破产后，我给他们打电话，电话占线，我想我还是过会儿再打吧。”

国际业务部经理说："我准备 16 日下班后和家人去看场音乐会，所以 15 日晚上 10 点左右，我一直在打电话订音乐会的票。"

结算部经理说："今天是协议规定的交易日子，我没有接到停止交易的指令，那就按照原计划转账吧。"

系统操作员说："结算部经理让我执行转账操作，我当然要执行。"

这家银行，上到董事长，下到操作员，都意识到了转账会有问题，但是谁也没有去精准地执行各自所应该有的反馈和提醒工作。实际上，只要其中有一个人精准地执行风险管控，这场悲剧就不会发生。

执行，体现在职场上，就是把企业的战略和任务付诸实践的过程。到位，就是恰到好处，目标得以实现，并且符合公司的战略。很多企业中通常会出现执行不到位的现象。一个注重利润的现代企业，不但需要老板的决策正确，更需要有一个执行到位的团队。

执行精准到位，这是世界 500 强企业公认的理念。不能执行到位，企业的战略决策就得不到落实：不能够执行到位，企业就不能生存。但是，现代企业中，却随处可见"执行不精确"的案例，确保"执行到位"，已经成为众多管理者最苦恼也最迫切想解决的问题。

员工能否执行到位的关键因素是管理者能否做到有效分工，完完整整地把任务和计划传达给员工，使员工对工作要求有一个清晰的了解。那么管理者需要如何做呢？如图 3 – 10 所示。

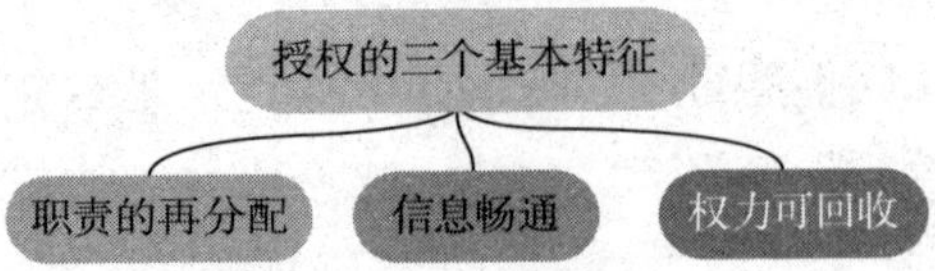

图 3 – 10　企业管理有效分工

（1）培养团队的责任心。

责任心是团队基本素质中最核心的一点，缺乏责任心的团队，对待工作的态度一定是马马虎虎的，这样的团队是没有任何执行力的。很多管理者面对消极怠工的情况，就刚性地按照制度办事，这样的结果必然是人员流动性大，更可能失去人才。解决消极怠工最好的办法，是使员工自发自愿地工作，并且在执行过程中尽心尽力。

（2）适当给予激励。

企业也要为那些执行到位的人设立激励措施，将工作在第一时间内完成的，且达到效果的员工进行奖励，让每个员工自觉“要工作”，让每个团队主动“要工作”，这样才能体现出更精准的执行力，完成最好的目标。

（3）聚焦最重要的目标。

俗话说，“家有三件事，先从紧处来。”不能眉毛胡子一把抓，每个人、每个团队，每天、每周，都应该聚集到最重要的工作目标中，做到轻重结合、画龙点睛。

（4）行动。

执行最终靠的是行动，而任何一件事走到最后一步都很容易出问题。如果企业的员工都是最后一步走不好，那么企业的产品是不合格的。事实上，有很多团队和个人，在工作的最后一里路上，习惯性地放松。而管理者要努力纠正这种习惯，培养员工坚持做好最后一步的正确心态，只要工作没有做完，就不能放松。

行动对于企业而言是一个永恒的主题，而提升员工的执行力则是管理者的一项光荣而又艰巨的使命。

第 4 章

精准授权：权力要先放出去，结果才能收回来

成功的管理者肯定不是忙得团团转的人，而是一切尽在掌握、悠然自得的人。管理者不必事无巨细充当救火队员，将大部分决策权和执行权授予团队来做，这样才能有充足的时间思考团队的前进方向。

4.1 不懂授权，别说自己懂管理

授权是现代企业管理者的一项重要管理工作之一。不懂得授权，管理者的工作就变得细小琐碎，最终不堪重负。如果不能有效、顺利地授权，无论是管理者还是团队，其潜力都不可能充分发挥出来。

4.1.1 什么是授权

授权，就是管理者把自己的部分职权授予下属，使下属在工作中拥有相当的自主权和行动权。

某公司的某部门设经理 1 人；有一个小团队，包含下属 5 人。经理工作热情很高，尽职尽责，有清晰的管理思路，上级也认为，这个部门有比较好的发展前途。但是他的团队却始终不认可这位经理，对他也有一肚子意见，导致这个部门整体工作受到了影响。

原来，这位经理吃苦耐劳，工作尽心尽力，但是员工最不满意的地方，就是这位经理好像并不认可他们的能力。在日常工作中，大事小事他都要管，有了工作，并不是首先给团队布置，而是自己干。惟恐团队做得不好，弄得员工手足无措。

授权具有三个特征：首先，其本质就是决策权力的下放过程，也是职责的再分配过程。其次，授权的发生要确保权力转移的双方信息畅通，确保职权的对等，确保授权者得到必要的技术培训。再次，授权是动态变化的，在特殊情况下，管理者也可以收回下放的权力。如图 4－1 所示。

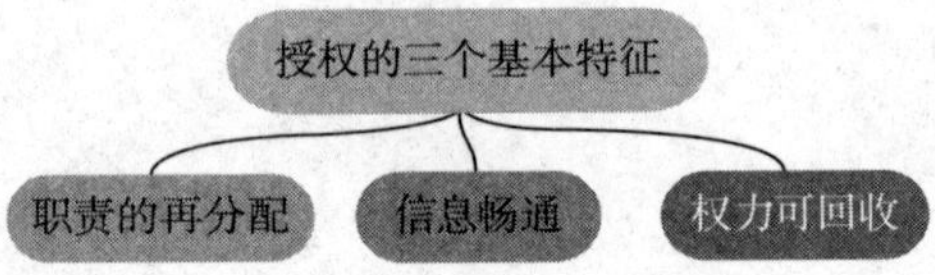

图 4－1　授权的三个基本特征

授权是管理中的一项艺术，是通过授权来实现目标的艺术。作为一名管理者，尤其是高层管理者，若想真正通过下属实现你的预期目标，唯一要做的就是学会授权。

在国内的企业，有 80% 以上的管理者不懂授权，因为他们没有给予员工充分的信任。很多管理者说，不能授权，一旦授权给下属，他们想怎么干就怎么干，事情肯定会办砸的。所以管理者不管大事小事，事必躬亲，整天忙得疲惫不堪，但却没有明显的成效，甚至会遭到下属的反对或抵触。

一个企业要想做大做强，各级管理者，尤其是高级管理者，必须要懂得授权。学会授权，是企业管理者最大的成功。

瑞典北欧航空公司 CEO 卡尔松曾说："如果我休假 1 个月，都没接到公司来的电话，就证明我成功了。那证明我的员工懂得了负责。"

而在中国，我们的企业老板最常说的话就是，如果我哪天撂挑子不干了，我公司所有的员工都吃不上饭了。这句话，实际上是我国国内大部分企业"短命"的原因——过分强调个人能力。

国内的老板都过分看重个人的英雄主义，很多企业里，老板多将信任交给个人，而不会交给一个团队。甚至有的企业文化其实就是个人的文化、老板的文化。老板的能力就是企业的竞争力。为什么会出现这种情况呢？主要有以下几个因素：

（1）企业家个人素质使然。

很多老板在创业之初靠胆量，靠机遇，成就了一批优秀企业，但随着时间的推移，老板的个人素质没有能够随着企业的发展而进步，依然在过去的水平线上。

（2）不了解下属的特长或工作特点。

很多老板也认为应该授权，但却不知道该授权给哪些人。他们不了解下属的特长和特点，担心一旦所托非人，授权就会失控。

（3）畏首畏尾，反复无常。

有的企业老板授权之后就开始不放心，整日担心员工能不能做好，一天要过问好几遍，弄得老板着急，员工心烦，最终失去了耐心。

上述这些因素，都成了阻碍管理者授权的重要因素。老板首先要克服以上几个因素的影响，当下属有工作能力，又有工作意愿时，就要大胆放手，实施授权。

4.1.1 有效授权可以培育员工、培养接班人

作为管理者，不仅要有统率全军的能力，还要有培养人才、造就人才的能力；只有授权给员工决策和工作的权力，人才才能有用武之地，才能显现出过人的才能。现代企业，所有的培训只能帮助学习者更快地学会某个观念或技能，而无法替代实战带来的体验。

1993 年，红豆集团董事长周耀庭将红豆集团分成 8 个分公司，由 8 位高管各自分别管理，周耀庭对这 8 个人都进行了充分的授权，让他们自己掌握各自分管公司的决策权，作为董事长本人，对他们所作出的决策，可以建议，但却从不主动去指手画脚，或整体推翻。

10 年之后，8 人之中的周海江不负众望，脱颖而出，他主管的企业发展成了一家上市公司。

老板做得少，员工才能做得好。有效授权可以为企业培育出优秀的人才和出色的员工，这些员工在实施企业战略方面的作用是无法替代的。

4.1.2 授权准备期的注意事项

授权工作如此重要，因此在老板执行授权之前，需要做好准备工作，并且必须要清楚一些注意事项，如图图 4－2 所示。

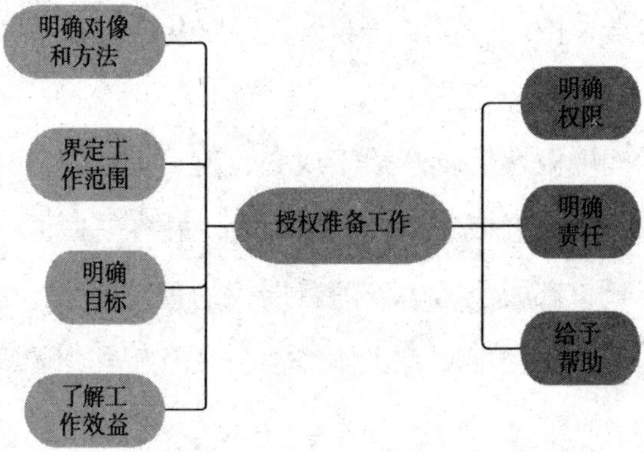

图 4－2 授权准备工作

（1）明确对象和方法。

管理者在授权的时候，切忌“一刀切”，必须充分考虑时间、具体事件、具体的人和具体的条件等。在授权之前，我们需要确定授权对象是否有被授权的资格，是否得到了我们充分的信任，是否具备被授权的能力等。

授权的方式也千差万别，有人适合直接授权，有人却喜欢激励型授权，所以要因人而异。

（2）界定工作范围。

授权不代表什么都能做，什么都可以做。管理者要给员工划出清晰的工作范围，不能鼓励、暗示员工做超越自己职责范围的事。

（3）明确目标。

管理者总喜欢对员工说："我要吃鸡蛋。"这时，员工往往会不知所措，因为他们不知道，老板是喜欢吃荷包蛋，还是茶叶蛋？故而管理者在授权之前，要给员工一个明确的目标。

（4）了解工作效益。

管理者要让员工知道，完成这项工作企业所获得的效益，以及个人所得到的奖励，这样有助于员工在工作的过程中受到激励和鼓舞。

（5）明确权限。

假设餐厅经理授权给厨师，但是没有明确权限。那么厨师会怎么做？他会不会过分解读自己获得的权限？工作起来，不仅管后厨，连大堂等事宜也划入自己的权力范围。所以这就需要管理者在授权之前，明确权限。只有这样，才能令被授权者清晰地认识到自己的权力范围，才不会越俎代庖，出现浪费人力、影响团结、重复管理等情况。

（6）明确责任。

权力和责任，是不可分割的。如果你光顾着分配权力，却不明确责任，那么等待你的肯定是授权的失败。

（7）给予帮助。

管理者要积极帮助员工，为员工调配一定的资源。

有效授权可以使老板的管理化繁为简；有效的授权，既能让下属分担工作，又可以人尽其才，优化人力资源配置；有效的授权，可以有效激励员工，培养员工，又可以让员工获得成就感。

4.2 越重要的事，越要授权

很多企业管理者，明明自己“芝麻西瓜一把抓”，而员工的薪金待遇也不错，为什么还有人不断辞职呢？其实，每个员工内心深处都有自己的抱负，要让员工实现自己的抱负，就要放手让他们办重要的事，事情越重要，员工就越有干劲。反之，员工对没有用武之地的企业，是不会产生忠诚度的。

4.2.1 授权，让员工自我实现

中国青年报曾经做过一项调查：当前青年员工对工作的认识已经转变，有超过 50% 的大学应届毕业生表示，进入企业工作，并不看重职位和待遇，企业对自己适合，有自己发挥的空间更重要。还有超过 40% 的年轻人，更看重工作中的个人感触；36% 的年轻人认为，自己的第一份工作一定是可以发挥自己特长的工作，要给企业留下深刻印象，才能为以后的发展打好基础。

员工的这种改变，也在考验着管理者的管理智慧。年轻员工更注重自我实现。有很多年轻人在调查中，被问到，“你对企业的期望”是什么时，竟然有超过 60% 的人表示，自己更希望接受有挑战、重要的工作，并在工作中锻炼自己，补齐自己的短板。

青年职场人需要的并不仅仅是金钱激励。有一位老板曾带一名新员工

熬夜加班，这名员工的工作豪情反而高涨，因为他最需要的鼓励是发展激励。

企业职位有限，但可以开发更细的职位层级体制，分成主管级、资深主管级、专家级等级别，每一职级对应不同薪酬。哪怕入职只一年，经由综合评估到达层级要求就可以跳级，满足年轻员工自我实现的需要。

求职观念的改变，也在促使企业的用人策略适应变化，做出调适，年轻员工自我意识加强是趋势，企业需要做的就是要给他们发挥的平台，放手让他们去做事。例如，有一家企业的经理发现，员工基本不看企业内部的布告栏，于是他决定改良，在布告栏上中加了许多新鲜有趣的信息，这引起了员工的兴趣，员工在布告栏前停留的时间增加了，就很难忽略企业内部发布的信息，因此，企业内部的沟通交流也加强了。之后，又有一名员工改良了布告栏，布告栏成了“员工提问，高管回答”的地方，员工工作中出现的问题，可以及时在布告栏中写出来，高管必须做出回答，通过这种方式，企业的工作效率明显提高了，矛盾也减少了很多。

了解员工的自我实现需求，是企业授权工作的一个重要前提。

视频 11　想当轻松的管理者，就要做“分活中心”而不是“揽活中心”

扫描下方二维码观看视频，告诉你这样做管理才会更高效。

著名的马斯洛理论把需求归纳为 5 个需求层次，如图 4－3 所示

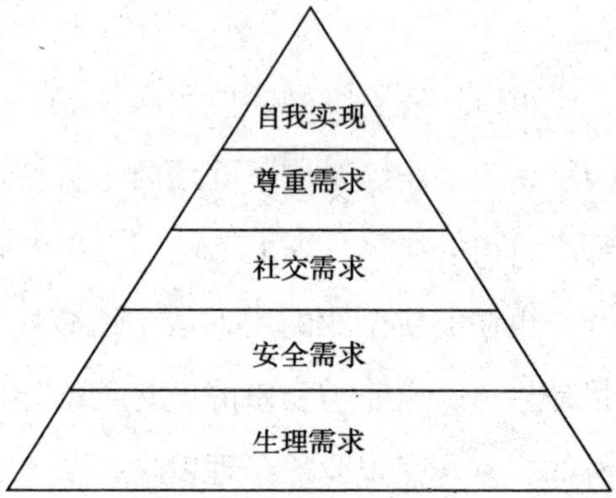

图 4－2　马斯洛理论需求

（1）生理需求。

满足员工的基本生活需要，即员工对薪资待遇的最基本需求。

（2）安全需求。

满足员工对健康和自身稳定性的需求，即事业稳定、不受到过大压力。

（3）社交需求。

满足对“交际”有要求的需求，即员工需要一个人际关系和谐、相互尊重又可进行良性竞争的企业环境。

（4）尊重需求。

满足员工自尊心的需求，即在企业内不被歧视和侮辱，获得他人尊重的需求。

（5）自我实现。

满足员工的抱负，即让员工可以在企业内施展自己的才干，弥补自己的短板，增强存在感、获得感、荣誉感。

可以看出，现金激励，也就是收入和福利位于需求金字塔的底端；只有基本需求满足后，员工才能向上攀登，追求职业成功。而对于大多数企

业员工，生理需求和安全需求已不是问题。薪酬和福利固然能激励员工，但企业不应过分关注物质激励，因为情绪体验和心理状态对员工的影响不亚于收入。

很多敬业度很高的企业，员工们提到收入的时候并不多；大部分员工更看重自主性、自由度和团队归属感。为什么很多专业人才在做跨界，去尝试他们之前没有尝试过的工作？这些大多都是源于自我实现的目的，从而放弃优厚的收入。

4.2.2 越重要的事，越要团队来办

日本“经营之神”松下幸之助，终身都在遵循他的“70%原则”来管人用人。他认为，员工是否胜任工作，管理者能把握的最多有70%，剩下的30%就只能在员工做的时候才能发现。因此，他一直用“70%原则”来授权，即在工作中，70%的重要工作，要下放给员工来做，高层则只管30%。实际上，松下指的那30%，也只是在发现员工的工作与总体方向不符时的提醒工作。关键时刻的提醒，为的是更关注员工的成长，是为了履行授权后的终极责任。他认为，权下放并不等于责下放，管理授权员工做重要的工作，工作结果的好与坏，管理者依然负有不可推卸的责任。“70%原则”授权，才能够让员工既能发挥主观能动性，又不至于完全脱离控制，发生大的错误，如图4-4所示。

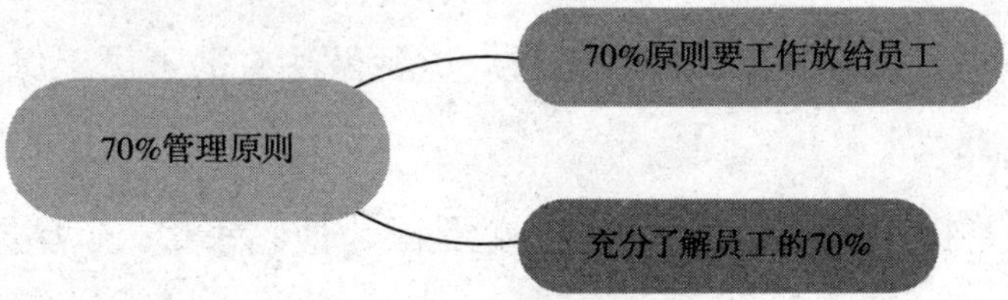

图4-4 70%管理原则图

管理者对员工的全面了解，正如一对情侣从恋爱到结婚的过程。谈恋

爱时，对彼此的了解最多也就70%，剩下的30%只能在结婚之后才会慢慢发现。所以，主管不必因为担心团队或员工是否能胜任工作而不敢授权，如果团队拥有70%的概率能完成这项工作，就应该让团队去做这件事，在做的过程中再去考察剩下的30%。那么，如何在管理中去实践“70%原则”呢?

（1）对员工的“70%”有充分的了解。

前不久，一位老板对我说：“跟了我多年的秘书，平时在接待方面能说会道，还很能喝酒，我就把他派到了销售部去当经理。可不到两个月，这位秘书就找到了我，想辞职。我很吃惊，便问他为什么，他支支吾吾，说还想跟着我。我说傻小子，跟着我当秘书有什么出息，销售部见多识广，人脉丰富，你表达能力强，应该去那里打出一片天。可是他却对我说，老板，我表达能力强，但我不喜欢销售的工作，我还是喜欢为您出谋划策。”

在管理者向员工交代重要的工作之前，一定要先考察，明确员工的兴趣特长，在条件允许的情况下，把分配给员工的工作和员工的兴趣爱好充分结合起来，将能激发出员工巨大的潜能。是雄鹰就给他一片蓝天；是骏马，就给他一片草原。只有这样才能激励被授权的员工。

（2）工作负有挑战性，授权效果更好。

IBM公司明确要求管理人员在那些枯燥乏味的工作安排上，尽量安排雇员轮流承担，以减少工作的单调性。这种做法有助于员工保持自尊心、成就感和参与感。

IBM之所以采取这种管理措施，就是因为他们深知：一旦员工认为他的工作缺乏挑战性，导致他们丧失自我时，他们每一个人都会毫不犹豫地选择离开。

每经历过一次挑战，人就获得一次提高，获得自我满足感。管理者在授予员工工作时，需要选择一些富有挑战性的工作，以此有效地激励员工。

当然，让员工做挑战性强的工作时，也要掌握好度。将一些高难度的工作交给员工，员工铆足了劲也完不成，容易沮丧，甚至产生自我怀疑。最好的方法是，我们交给员工的工作略高于员工的实际能力，或者说，让他觉得自身能力低于工作要求即可。

有效的管理者是一个群体、一个组织成功的关键因素，也是决定员工是否满意的关键原因。管理者应通过充分的信任、有效的授权、公正的激励手段，让员工为公司的共同目标的实现而努力工作。

4.3　准确下达目标，不必布置细节

如果管理者在授权下属工作时，过分布置细节，那么授权就只是一个幌子。实际上，管理者还是习惯掌握一切。员工发挥不出自己的潜力，也就起不到激励的作用。所以，管理者在授权时，只需要告诉员工，应该达成怎样的目标，而不是不断干涉员工的执行过程。

视频 12　员工为了应付指标而做事，是管理者的失职

扫描下方二维码观看视频，告诉你应该如何培养员工。

4.3.1　只告诉做什么，不必告诉怎么做

某公司要和另外一家境外企业达成战略合作，搞一个签约仪式。老板早早地就开始布置了：

“小王，你负责带你的团队把会场布置一下，要摆多少把椅子，买多

少斤茶叶……”

“小李，你负责联系 × × 饭店，要一个大一点的包间，菜要点哪几道，酒必须是……”

“小张，你负责主持整场签约仪式，主持词要热情洋溢，开头必须写……”

小王、小张、小李私下里开始埋怨了：

小王说：“老板说要买茶叶，但是我听说人家习惯喝咖啡。”

小李说：“老板让联系的那家饭店是地方菜系，恐怕客人会吃不惯，而且菜的搭配也不合理，这样下去会影响客人的口味，这怎么办?”

小张说：“我把签约仪式主持词给老板看了，老板说我写的主持词应该虚一点，不用过多涉及项目情况，可是签约仪式不说签约项目，合作企业是不是认为咱们不够专业?”

如果管理者每次授权下属的工作，从开始就事无巨细都要求得非常严格。例如会议室如何布置，桌椅如何摆放，都要一一过问。时间一长，就限制了员工工作的想象力和创造力。

其实，管理者的授权，主要是向员工下达工作目标，而不是布置细节。

首先，过度布置细节，会妨碍员工发挥工作积极性。一个问题的途径有很多种，管理者的方法不一定是最佳方案，员工可能会有更有效、更便捷的办法。但领导者过早和过度地安排，员工就只有照办。员工失去了表现自己的机会，势必会挫伤积极性。时间一长，做事就不会动脑子、就会成为一切依赖管理者的“阿斗”。所以，一位心理学家曾说：“对创造者来说，唯一最好的刺激是自由。”

其次，过度布置细节，削弱了员工的实际工作能力。不经历风雨，怎能见彩虹，能力不是天生的，是通过无数次的摸爬滚打锻炼出来的，管理者事无巨细都要交代到位，员工是不会成熟和提高的。

一般来说，管理者的工作经验比较丰富，可以给员工指导性的意见，但是过分的干预，即使员工做对了，可他没有付出努力，就感受不到通向成功道路上的艰难。

第三，妨碍下属就是妨碍自己。一个无能的管理者，不仅不能对下属的工作起到推动作用，而且还会妨碍下属的工作。

4.3.2 给出目标，让员工自己决定

管理学大师德鲁克曾被美国通用汽车公司聘为企业顾问，第一天上班，通用的 CEO 斯隆就告诉他："我并不知道接下来需要你研究什么，或要你写什么，也不知道你会得出什么结论。而这些都是你的任务。我的要求就是希望你把你认为正确的东西写下来，不必顾虑我们的反应，也不必怕我们不同意。尤其重要的，你不必为了我们的态度而谋求折中。"

斯隆的话，体现了管理者授权的一个重要技巧：企业管理者不应该将自己的意见强加给下属，而应该积极为他们创造一个独立工作的环境。授权达成后，被授权的无论是个人还是团队，都应该是一个相对独立的机构，它的活动就应该从实际出发，因此，企业管理者必须尊重他们工作的独立性。

管理者可以下达任务，但不能在事前就定调子，设框架，束缚员工的手脚。但我们的管理者往往缺乏这方面的技巧。他们总是喜欢把自己的一些指示、意见吩咐给员工，甚至还事先得出一个主观的结论，让团队为他的结论服务。这种自欺欺人的做法，也妨碍了管理者做出科学的决策。

只有让下属独立地进行工作，他们才能思考出有远见卓识的见解，才能创新工作方法，发挥授权工作应有的作用。

有一种很流行的、被称作"头脑风暴法"的会议形式。这种会议形式

也被称为“BS 会议法”。意为无拘无束、自由开放地思考问题。头脑风暴会议提倡在非常融洽和轻松的气氛中进行，任何与会者的思想不受任何框架限制。管理者一般不发表意见，以免影响会议的自由氛围。头脑风暴会议有四条原则：（1）不互相批评；（2）自由发言；（3）欢迎提出大量的方案；（4）管理者不能打断、插话。该会议法的主要特点是通过广泛授权找出解决方案，如图 4－5 所示。

头脑风暴法有效的原因就在于会议的发言者被管理者授予了充分的权力，可以自由地发言。如果在会上出现大家一致认同的好方法，管理者就必须放手让他们工作，不设任何条条框框。

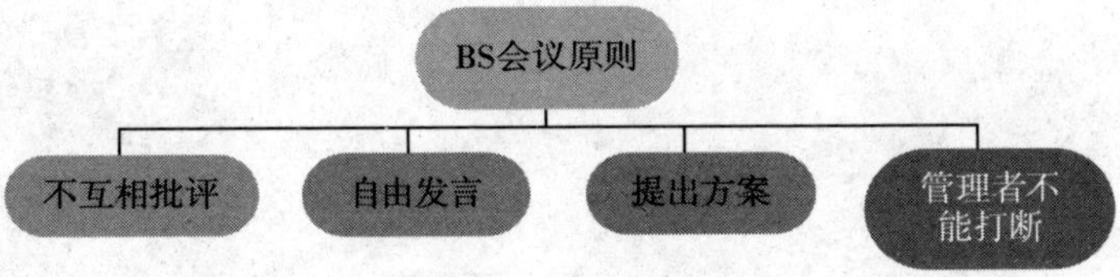

图 4－5　BS 会议原则

人们常常说，日本企业的老板近乎“冷酷无情”。在日本企业中，老板常常对下属说的就是：“这件事就拜托给你了，如果需要帮助，可以随时联系我。”之后，除非你主动找他提出帮助，否则，他不会再过问工作中的任何一个细节。

实际上，这表面的宽松其实是一个假象：到了工作期限到期之日，老板会非常仔细地排查工作中的每一个细节。如果完成得好，老板会给予员工丰厚的奖励。如果完成得不好，老板也不会问原因，直接给予处罚。这种“冷酷无情”非常有效，日本企业的员工向来以高效高能著称，并把管理者的认可当成最大的奖励。

培养员工的工作主动性，是有效授权所产生的积极效应。首先，工作的主动性包括两部分，第一，主动沟通；第二，主动负责。日本企业老板的例子启发我们，有时候只看结果，不问过程，并不是“冷酷无情”，更不是撒手不管，一定要向员工强调，工作过程中可以寻求管理者的支持和建议，如果员工不主动找管理者沟通，那么管理者为了发挥你的潜能，就不会过度干涉。但是，由于没有主动沟通而产生的工作失误，也必须接受惩罚，这种处罚是对员工被动工作的惩罚，而不是对工作结果的惩罚。

4.4 保持授权适度

具体的授权工作，只是一种暂时性的管理手段，不应妨害企业正常的权力结构关系。这要求管理者在授权时必须考虑：授出多少权力？授出哪些权力？授权后能否控制住下属？是否能够随时收回权力？这些问题最终都归结为一个主题——授权适度。

4.4.1 授权的 5 个级别

授权不是放权，也不是设立新的权力和职位，只是管理者行使自己权力的一种方式。管理者在授权时必须把授出的权力置于自己的完全控制之下，使适度授权成为一个管理者胸有成竹的手段。

授权要适度，既不能授权过度，也不能授权不到位。授权过度会有很大的风险，授权不到位，会影响下属主动性的发挥，管理者也会厌烦下属没完没了的请示汇报。所以，在总结上文所遇到的授权问题后，根据授权受制约的程度，可以将授权的程度分成 5 种方式，如图 4 - 6 所示。

（1）指挥式授权。

这是授权的第一个级别，即管理者以命令和指示的方式授予下属执行某项工作的权力，如果没有得到明确的命令和指示，下属不能擅自行动。

指挥式在企业中是最基本，也是最常见的授权方式。例如，人力资源部必须按照总经理的要求招聘岗位人才，而招聘专员如果没有收到上级的

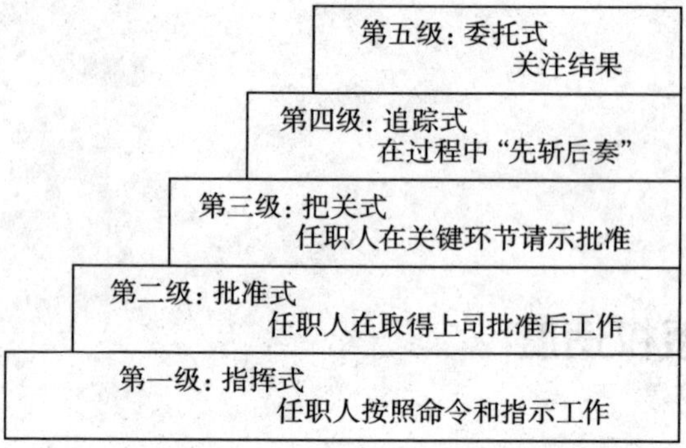

图 4－6　授权的 5 种程度

指示，是不能够擅自招聘员工的。

（2）批准式授权。

授权的第二个级别是标准试，下属针对工作提出设想和计划，上报上级批准，行动开始与否，就在于上级是否批准。未得到批准的想法和计划不得实施，凡得到批准的，可以在批准的范围之内实施。

比如，招聘专员在招聘工作开始前要做计划，什么时候刊登招聘广告、安排面试的时间，等等。招聘计划要提交给人力资源部总监，获得批准，才能够实施。

（3）把关式授权。

授权的第三个级别为把关式，即工作中的大部分内容由下属决定，上司只对工作过程中的关键环节进行控制。也就是说，下属必须在关键环节上请示管理者，获得批准后才能行动。

总经理要求人力资源部门在招聘方式、薪酬约定、猎头公司的选择这三个环节上必须征求他的意见。招聘的其他环节由招聘专员自己决定，这就属于“把关式”授权。

（4）追踪式授权。

在跟踪式授权上，初期下属完全可以自主决定工作内容，只向管理者提供工作进度。而管理者依据工作进度判断授权是否适度，增加或减少对下属的授权范围。特别强调的是，这种授权方式一般是在上司十分重视工作进展的情况下采取的授权方式。

（5）委托式授权。

作为最高层级的授权方式，管理者给下属授予开展工作所需要的一切权力，让下属充分发挥主动性和创造性，按照自己的方式行动。上司只对目标是否按时达成感兴趣，而不会在工作过程中干涉。

在授权的各级别中，只有委托式授权只关注结果，不关心过程。而在日常工作中，可以根据工作的性质进行授权。

对一些无法控制的过程，可以采用追踪式授权。如，一位销售代表要扩展客户，如何扩展，管理者无法控制，所以管理者只能通过销售额来确定他的工作，这就是跟踪式的授权方法，他是通过间接数据来控制下属的行为。

对于过程可以把握，但是结果不确定的工作，可以通过对过程的把关、批准、跟踪来对风险进行控制。招聘工作是最典型的过程大于结果的工作，因为双向选择带来结果的不确定性，因此，所有的招聘工作，人力资源采取的都是批准和跟踪式的授权方式。

总而言之，要根据具体的工作情况和特点来选择授权方式，并不是每一项工作都要采取以上 5 种形式。

4.4.2 “约定”授权

在中国的大多企业中，还没有形成有效的授权制度，每一位管理者都对授权工作有不同的想法。明确授权层级，依然不能避免在实际工作中出现问题。这就需要管理者和员工建立适度授权的约定，如图 4－7 所示。

从图 4－7 中我们可以知道，建立适度授权的约定，管理者必须做好以

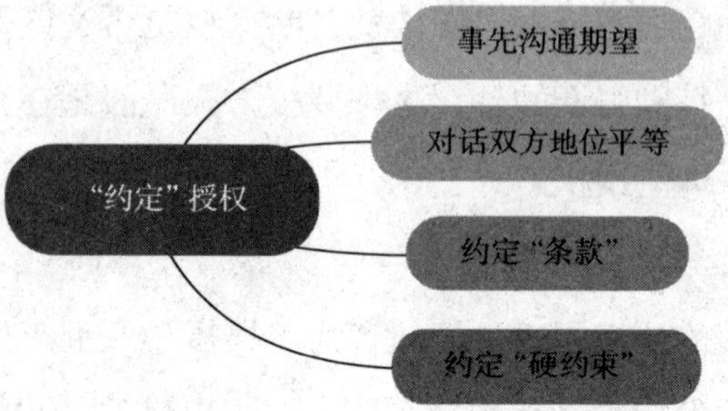

图 4-7 "约定"授权

下几方面的工作：

（1）事先沟通期望。

招聘专员接到招聘任务后，第二天就在网络上发布了公司的招聘信息，但由于事先没有和管理者沟通，一厢情愿地描述了任职资格，导致邮箱中的应聘简历与岗位需求严重不符。人力资源总监很生气，便让这位招聘专员事前都要请示他，这就导致授权流于形式。

很多员工在接到任务后，自以为是，想按照自己的想法将工作做好，很容易忘记或忽视授权的规则、权限，等等。实际上这就是忽视了上司的期望。因此，这也需要上司通过沟通解决。

而管理者通过事先沟通，充分了解了下属的想法，找到双方想法的差异，才能达到双方心中有数，取得工作上的共识，这样一来，员工的工作就必须按照双方达成的共识来执行，避免了执行失误给企业带来的损失。

（2）对话双方地位平等。

所谓"约定"，最基本的原则就是平等，而授权约定的双方，由于地位的不平等，常常出现强制行为。实际上，授权的真谛并不在于"授"，而在于"约"，即管理者约定赋予下属怎样的权力。

（3）约定"条款"。

在授权的时候，往往会发生突发事件，约定条款就是约定一些遇到突发事件的处理条款。

很多管理者习惯对下属说："有重要问题你给我打电话。如果出现其他问题没完成，你自己看着办。"

总之，就是要把特别的和例外出现时怎么办的条款事先约定出来，以便员工按照授权范围去处理工作。

（4）约定"硬约束"。

销售部刘经理让下属负责洽谈一位大客户，并在事前口头承诺：如果在一个月内与客户商定了500万元的合同，将奖励其带薪旅游。经过努力，这位业务员最终签下了700万元的合同，刘经理根据公司规定给他兑现了提成，却没有提旅游奖励的事。

很多管理者在下属完成任务后，作出的承诺却不兑现。由于地位的不对称和权力不对称，言必行，行必果，己诺必诚，这在员工心目中非常重要，而老板往往选择忽视。所以，违反"约定"的常常是老板。老板只要违约一次，就可能在员工的心里留下很重的阴影，以后再推行授权就难上加难了。老板应当比员工更加遵守授权的约定。因此需要双方对授权后的处理方以"条款"，即逐条确认要点的形式加以约定。双方一旦约定了"条款"，就对授权双方都具有约束力，这种约束力就是"硬约束"。

要有效地发挥授权的作用，就要根据工作的性质分级别授权，并针对事情的过程及结果的关注程度进行选择使用。同时，还要有效地避免上下级对授权想法的偏差，引入建立"约定"的方法。

4.5 小心被你的下属“反授权”

作为管理者，你是否经常听到员工问你怎么办？而当下属工作进行不下去时，管理者是不是再一次充当了救火队员，紧急去解决下级留下来的棘手问题，结果下级的怎么办是解决了，管理者却也要被累死了。这种现象，我们称之为“反授权”。

4.5.1 别被员工牵着鼻子走

“老板，这个客户太难搞定了，得您出马才行。”

“老板，最近我们产品的投诉率有所上升，您看这个怎么处理?”

当我们的员工向我们抛出这些问题时，实质上，管理者已经被下级“反授权”了。如果此时管理者出面帮助员工解决了问题，员工就会养成惰性思维，一遇到事，就跑到领导这里问怎么办，原本应该是自己的责任，却推给了管理者。把自己的责任推给上级，这使管理者常常陷入反授权的陷阱当中。

管理者把一件事情交给下属去处理，下属很高兴地接受了，结果过几天下属回来的时候说：“领导，你安排的事情我都做了，但难度很大、挑战很大，我实在搞不定，你看该怎么办?”

企业中常常见到这种现象：企业高层做着中层的事，中层做着基层的事。这些企业要么是管理者不授权，要么就是被下属反授权。而如果你真把员工的“怎么办”当回事儿，就证明你已经接受了下属的反授权，反被下属牵着鼻子走了，这不仅会给管理者带来管理上的被动，还会养成下属对管理者的依赖心理。这也就是为什么大多数管理者时常觉得累的原因。接受反授权，下属找你的时间越来越多，你的时间就越来越少，事务也就越来越多，因为你的下属知道，他们搞不定的事情，让管理者来做，顶多被批评两句，最后还是得管理者亲自出马，也就没他们什么事儿了，如果管理者也办砸了，那管理者就更无话可说了。

下级向上级的反向授权主要有以下几种情况：

（1）请求管理者解决工作中出现的难题，为自己“排忧解难”。

（2）请求管理者为自己的工作决策做一些明确具体的规定，以使自己决策时有章可循，有据可依，减少决策难度，一旦出现问题就可以推卸责任。

（3）请求管理者对复杂多变的工作局面做出分析。

（4）请求管理者对下一步工作行动定出具体的目标。

（5）请求管理者在两个或多个工作方案中为其做出选择。

（6）遇到好说话的管理者，甚至让其帮忙打下手。

需要注意的是，反向授权通常隐藏在正常的请示汇报之中，在各级主管领导的不经意间就获得了成功。

员工为什么喜欢反授权呢？这和管理者的管理有很大关系：

（1）管理者处罚过严，所以员工害怕承担风险或责任。

一名员工工作进展缓慢，按公司规定要对其进行处罚。这位员工找到本部门经理投诉，说：“最近身体不舒服，家里小孩也生病了……”这位经理告诉他：“你去找总经理，这件事我做不了主。”

结果，总经理坚持原则，没有同情，于是这名员工开始应付差事，为了追求工作进度，不顾工作质量。

（2）管理者授权工作总是面面俱到，让员工缺乏工作自信，害怕犯错误。

某部门经理很看重员工的工作细节，在授权给员工后，总是追着员工问，“这方面你一定要注意”“这个问题你怎么解决”“你一定要注意细节”，搞得员工在工作时畏首畏尾，工作之前先要给经理打一通电话，确认后才干活，工作效率非常低。

（3）管理者给员工过大压力，反授权可以减轻工作负担与压力。

某商战电视剧中有一则这样的故事：某大型国际猎头公司的高级猎头，为一家很有实力的金融公司寻找CEO，佣金丰厚。猎头公司上层对这个项目非常重视，不断地给这位高级猎头加压，不仅总部CEO亲自出面要求这单生意必须成功，甚至在双方还处于沟通的过程中就像这位高级猎头表示祝贺，最后逼得这位猎头不得不用不道德的手段胁迫候选人进入这家金融公司，这件事被曝光后，不但这单生意功亏一篑，这位高级猎头也只得辞职走人。

（4）管理者对员工缺少必要的帮助，让员工工作时缺乏有效的支持。

（5）迎合管理者掌握一切的心理需要。

那么，对于员工“反授权”，管理者应该怎样防范和处理呢？

4.5.2 三点搞定“反授权”

首先，管理者应该找出自身原因，自查是否由于自身因素导致了反向授权行为的产生。很多“反授权”现象的发生，根本原因是管理者“事必躬亲”的领导风格和对事事都请示汇报员工的偏爱心理。管理者首先要相信员工能把工作做好；工作上不要对员工过于苛刻，追求完美主义，要允许员工犯错误；管理者总揽权在手，任意发号施令……总之，管理者首先要端正领导作风、态度与行为，引导、鼓励员工勇于工作，勇于负责。

其次，管理者应检查了解职工的反向授权行为是否是由工作条件方面的问题造成的。比如，他们是否具备了顺利完成工作任务所必需的组织资源保障与充分信息，是否得到了良好的外围支持。

最后，对员工“反授权”行为进行正确引导。如果确定反向授权是由下属个人原因造成的，可以运用以下几种对策，如图 4－8 所示。

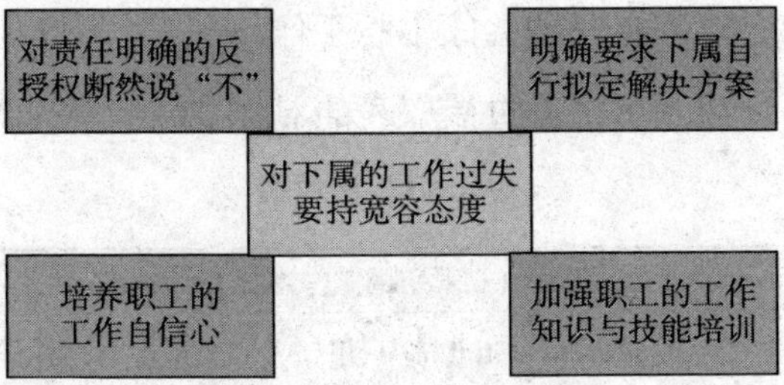

图 4－8　反授权

（1）假如该项工作确实应由下属完全负责、独立完成，则对下属的反向授权断然说“不”，明确地、坚决地拒绝这种不合理请求。

（2）明确要求下属对所提出的问题自行拟定解决方案，并提出看法。作为领导，可能对要解决的问题已了有较好的方案，但仍应尽量支持、完善下级的方案，不要过多否定下级的看法与思路。

如果下属找不出明确的答案，可以让其拿出三个或者三个以上的解决方案，不仅有效地防范了反授权，还让下属明白了他的工作职责、他应该承担的责任，以及相应地应该拿出的结果。只有这样，领导才不会陷入“反授权”的怪圈子，企业、部门才能良性运作。

（3）对下属的工作过失要持宽容态度，特别是对那些主观上已经尽力，但由于经验不足或不可预料的风险所造成的失误，更应宽容待之，以免打击下属工作的主动性与积极性。

（4）培养员工的工作自信心。自信心是做好工作的基本保证，是启动个人能动机制的关键。缺乏工作自信是导致反向授权的重要心理诱因。为此，管理者应尊重员工，充分信任员工，激发员工的工作信心。

（5）加强员工的工作知识与技能培训。良好的工作知识与能力是胜任工作、做好工作、减少反向授权行为的基本保证。学以致用的培训是改进工作技能、提高工作水平最为直接有效的手段。管理者应根据员工的工作表现，在准确的培训需求分析基础上，全方位、多层次地对员工进行有针对性的培训，使之能够更好地胜任本职工作。

授权的公平和透明可以通过授权表的制作和设计来实现。

表4-1 授权表

工作内容（分工）	授权级别（在对应的工作内容处打勾）			直接上级
	做工作前先请示，得到批准再做	做工作前不用请示，做完后汇报	工作前不用请示，做完后不用汇报	

在填表过程中，还应该注意以下几个事项：

（1）统一领导原则：一般来说，在授权时，一个管理者只能授权给一位员工，不能多人授权，重复授权。根据统一指挥原则，员工只能向授予他工作的上级请示工作，不能越级。反之亦然，上级只能指挥他的直接下级，不能越级安排工作。

（2）表格最好贴于部门的布告栏中，让大家都能看到，起到提醒作用。

管理者只有通过管理思想和方法的调整，才能从根本上来防止“反授权”问题，达到理顺组织秩序，各司其职、各尽其责，组织成员共同为目标而努力。

4.6 你真的搞懂授权了吗

管理者如果不讲授权只讲控制，企业一定是毫无上升力并死气沉沉的；只授权而不控制，企业管理必将四分五裂。如果想成为一名称职的企业管理者，就必须坚持“充分放权，合理控制”的授权之道，只有参透这一授权之道，才能完成授权实施者与工作控制者的角色转换。

4.6.1 摩托罗拉的授权败笔

克里斯托弗·高尔文是摩托罗拉公司总裁，于 2003 年正式辞职。1997 年，他接任摩托罗拉 CEO 一职，就采取充分授权的方式，把权力分散给摩托罗拉的下属。

然而到了 2000 年，摩托罗拉产品的股票开始连连下跌，市值也缩水，作为其龙头产品的手机，市场占有率只剩下 10%。

产生这个结果的最大原因，就是高尔文是个不折不扣的纨绔子弟，他从不做任何决策，而且过度放权，放权后从不过问结果，更不能及时纠正下属出现的问题。

有一次，行销主管福洛斯特向高尔文建议，由于摩托罗拉近几年的广告投放效果不佳，应该将承包摩托罗拉的广告代理商撤换掉，但高尔文却说应该再给对方一次机会。结果拖了一年后，摩托罗拉的广告表现依然不佳，高尔文最后才同意撤换。

如果一位企业管理者在充分授权后，不拿好监控的尺子，在发现问题后也没有及时纠正，对企业是有非常大的杀伤力的。

管理者应该学会对授权出去的任务进行恰当地控制，使自己能随时掌握工作信息，在最恰当的时刻，选择最恰当的方式，把脱轨的列车拉回到最正确的轨道上来。但是，许多管理者却常忽略这一点，其结果往往是在最后关头功亏一篑。

现实中，管理者经常将授权等同于放任，这样做造成的结果是：授权非但没有功，还会成为过。而对放任进行预防的最好办法，就是监控和评估。高明的管理者既要充分授权，又要检查督促下属的工作，又不能使下属感到有名无权。

有人曾经说："授权就像打篮球，管理者既要会运球，又要会传球。"管理者和被授权员工要形成一种互动协作的关系，这样被授权员工的创造力才能得到激发，才能有足够的积极性去完成授权任务。

那么，如何在不过度干预员工工作的前提下，做好授权监控呢？

（1）授权双方经常协调立场。

管理者的想法与被授权员工的想法总会有差别，如果不能经常协调立场，难免会出现冲突，危及授权工作的正常进行，同时也危及授受双方的信任关系。

但在协调立场时，应该尽量避免发生冲突，为了避免冲突，就应该更多地听从被授权员工的意见，由他们安排自己的工作。如果被授权的整体目标出现了改变，被授权员工的计划必须改变时，管理者应对授权者说明情况，在做好解释说明工作之后，要求授权者改变工作方案，配合整体工作。这样的互动协调，既尊重了授权者的工作，又能照顾到组织的整体需要。

（2）在被授权员工之间进行协调，使大家相互配合。

授权的工作常常需要部门中其他员工的帮助与配合，只有在合作之中，才能发挥团队的作用，才能源源不断地获得新思想、新方法。团队协作授权工作包括以下几点，如图4－9所示。

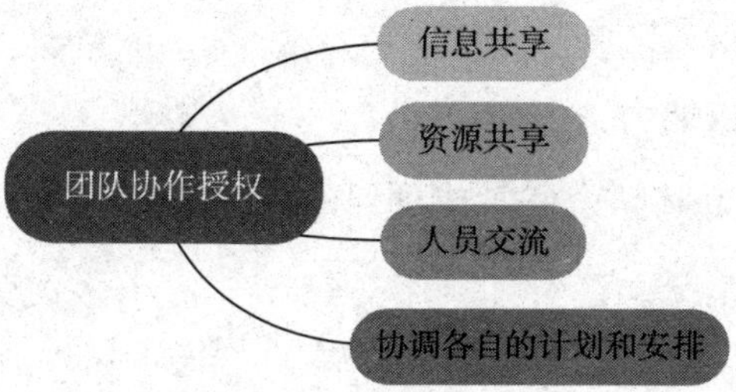

图4－9　团队协作授权

①信息共享。

团队应该共享有重要意义的信息，包括各自的工作进度，各自发现的新情况，出现的新问题，各自探索出来的新技术、新管理方法以及各自从外部获得的新信息，等等。

②资源共享。

团队之间建立资源互助机制，及时了解各自缺乏或富余的资源，以有余补不足，相互支持，实现共同进步。

③人员交流。

团队间应该经常彼此交流思想，相互学习借鉴，了解彼此情况，取人之长补己之短，以便在授权工作中实现个人能力的提升和进步。

④协调各自的计划和安排。

团队成员虽然执行的任务有所不同，但都是为了实现企业的共同目标。团队工作计划和安排，是企业整体工作计划和安排的一部分，必须能够相互配合，相互促进，而不能互相牵制，甚至“下绊子”。

4.6.2 做好授权这套题，完善管理者授权评估

为了让管理者更加明确授权工作的要领和重点，在专业的 MBA 课程中，经常会以测试的方式来对管理者进行授权评估，测试其是否清楚授权中应该注意的事项。

测试你的授权能力：

1. 授权时最好将整个任务或项目的责任授权给一个人，而不是分摊给多个人。正确还是错误？

A. 正确

B. 错误

2. 授权如何能够提升总体生产力和效率？

A. 通过将技能与人员对应，可以充分利用组织的资源

B. 通过减轻你的压力来提高效率

C. 通过关注团队努力而非个人努力来鼓舞士气

3. 确定任务的合适人选后，应该明确地传达你的想法，最好能面对面地与之会谈，开诚布公地进行讨论、沟通。以下事项中哪个是讨论过程中不适合涉及的内容？

A. 清楚阐述项目、任务或职能，说明所授权职责的范围

B. 调查可用资源以及是否需要任何特殊培训、辅导或协助

C. 新的工作权限对员工职业生涯和薪资水平的影响

4. 你会考虑用什么方法来确定授权内容和授权方式？

A. 按资历、工作责任或团队

B. 按任务、项目或职能

C. 看团队或直接下属中谁自告奋勇

5. 为了从授权行动中吸取经验教训，你应在每次任务结束时进行回顾

和反思，与员工展开讨论，对结果进行评估。你认为讨论过程中不应涉及以下哪个要点？

A. 询问员工在此次授权中收获如何

B. 对出现的问题加以批评和指责

C. 认可员工取得的成绩，并对表现出色之处进行褒奖和赞扬

6. 作为第一保健医疗用品公司的财务部经理，你想将更多的工作授权给下属完成。下列哪项措施可以帮助你保证授权的有效性？

A. 通过将项目中的一小部分工作分配给下属来增强他们工作的主动性和担当意识

B. 通过给团队每位成员分配同样难度的工作以确保授权的公平性

C. 给下属接触公司核心业务的机会

D 将没有系统执行方案的任务分配给在该方面没有工作经验的团队成员，以尽快提高他们的工作能力

7. 考虑将任务合理地授权给合适的人时，以下哪些问题是最先应当考虑的？

A. 此项任务要求具备什么样的思考能力？必须进行哪些活动？完成此任务需要具备哪些人际关系技能？

B. 谁有时间来完成该任务？谁以前曾处理过此类任务？谁可能具备合适的设备？

C. 此任务需要何时完成？谁会按照你希望的方式执行此任务？谁不会介意承担此任务涉及的额外工作？

8. 是否可以用授权这种方式作为员工晋升之前的能力考核手段？

A. 可以。通过这种方式，可以考察员工的综合能力是否适应新职位的要求。

B. 不可以。让员工展现不同于当前职位要求的能力，这对他们不

公平。

9. 凭借高远的战略视野和深厚的行业经验，你被一家高科技发展公司聘用为销售经理。走马上任后，你决定让那些向你表达过晋升意愿的下属承担更多的工作职责。下列工作中哪一项是你可以进行授权的？

A. 为整个部门构建一个业务发展计划与预算方案

B. 和一位与公司首次进行合作的大客户就销售合同进行谈判

C. 审阅每周销售报告并对销售进度落后的团队成员进行辅导

D. 组织并全权负责今年的销售年会

10. 你认为以下哪种情况发生时需要从员工那里收回已授权的任务？

A. 你自己完成任务所花费的时间要少于向员工提供指导的时间

B. 任务的完成似乎不在掌控之中，你的管理能力可能受到挑战

C. 如果得不到你或他人的协助就可能错过重要任务的最后期限

11. 将任务授权给现有人员中最有经验的人或授权那些具备有效执行任务所需的最低技能水平的人，哪个更具合理性？

A. 授权给现有人员中最有经验的人

B. 授权给那些具备有效执行任务所需的最低技能水平的人

12. 你已经将一项工作交给 Susan 两个月了，现在你需要检查一下她的工作进度。当你回顾自己辅导 Susan 的做法时，意识到有时候你对她的干预多过支持。你的哪种做法可以被视为一种“干预”？

A. 主动给 Susan 提供最佳行动建议，帮助她完成工作中最复杂的部分

B. 在 Susan 需要的时候提供给她与项目有关的附加资料

C. 让她知道在一个项目截止时间临近时，她应该向你寻求帮助

D. 跟 Susan 分享你在做类似项目时的经验来帮助她避免犯同样的错误

正确答案如表 4－2 所示。

表 4-2　测试你的授权能力的正确答案

题号	答案	答案详解敬请参考《哈佛管理导师——授权》课程的相关知识点
1	A	授权方式
2	A	什么是授权
3	C	任务分配阶段
4	B	授权方式
5	B	任务完成后
6	C	有效授权的原则
7	A	授权准备
8	A	常见问题
9	D	授权准备
10	C	处理障碍
11	B	有效授权的原则
12	A	授权的监控

答对一题，得 1 分，你的得分是多少？

得分：1～4，授权方面理论基础较为薄弱，需要全面提升授权能力。

得分：5～8 分，你已经具备了一定的授权能力，但还需要有针对性地强化能力短板。

得分：9～12 分，拥有较强的授权能力。

测试内容取自哈佛商学院在线经典品牌课程《哈佛管理导师——授权》（Harvard Manage Mentor）。

4.7 从格力的崛起看授权

我很少直接管到一个部门，只有问题较多的某些部门才会直接管一下。一旦走入正轨，就会交主管领导管理。但有两个部门我是常管的，一个是监察部，一个是质量监督小组。因为这两个部门不但牵涉到各部门，也牵涉到各级领导，必须由一把手抓。

——《朱江洪自传：我执掌格力的 24 年》

4.7.1 授权给忠诚可靠的人

如今提到格力集团，很多人都会想到董明珠，但却很少有人想到朱江洪，这位格力的真正创始人。正是由于他发现了董明珠，以及两个人的并肩合作，才有了今天格力集团的发展壮大。

1991 年，朱江洪在广东珠海创建了格力电器公司。而当时的董明珠只是格力电器公司的一名销售，两个人并没有交集。

事情发生在 1994 年，朱江洪的一个做法引起了企业的危机：他决定削减销售人员的提成。于是，公司内的销售精英很快就“跑”光了。而这时，作为老员工的董明珠选择了留下来，这成为了董明珠命运的转折点。

很快，董明珠被选为公司的经营部部长。而这一提拔，说起来还蛮有戏剧性的。根据朱江洪的回忆，那时候经营部的部长是公推公举，但是董明珠的得票数却是第二位。

当时，朱江洪认为虽然董明珠的得票数排行第二，也说明她得到经营部人员的认可。况且从工作上来说，她的业绩是最好的，尽职尽责，工作勤勉，有热情，有责任心，作风泼辣。于是朱江洪初步决定推荐她为经营部负责人。可想不到在公司办公会讨论时，出现了较大的争议。其他人主要认为她性格比较耿直，讲话尖刻，容易得罪人，过于自信，怕搞不好团结等。朱江洪当时做了大家的思想工作说："人无完人，不可能没有一点缺点错误，我们用人是要用她的长处。董明珠的长处是销售工作抓得很细，善于与客户打交道，遇到困难时想方设法解决，不达目的不罢休，这都是销售工作最需要的长处。"听完朱江洪的解释后，大家也就同意董明珠出任经营部部长一职。

在董明珠的带领下，格力电器从 1995 年—2005 年，连续 11 年空调产销量居全国首位。

董明珠的忠诚和能力，使朱江洪不断给予她更大的权力。1997 年，董明珠成为格力电器销售副总，接管了格力电器全面的销售业务。2001 年，董明珠成为格力电器总经理，管理经营一把抓。2012 年，朱江洪退休，董明珠成为格力集团的当家人。

在同行眼中，那段时间格力的"朱董配"是一个非常令竞争对手忌惮的组合。后来有人评价：朱江洪搞技术出身，擅长质量管理和技术开发，为人谦和，计划周密；董明珠做市场出身，擅长营销和市场，为人强势，敢闯敢拼。二人性格上的互补性非常强，这也是一个强势团队能够互相借力的关键。

有人说，两个如此默契的工作伙伴相遇，对彼此来说，都是福气，但是，格力的壮大也确实离不开当年朱江洪对董明珠的信任和大胆授权。

4.7.2 大权独揽，小权分散

在《我执掌格力的 24 年》中，朱江洪这样描述管理者如何做到有效授权：

凡关系到企业发展和生存的大事，重大决策的制定等必须亲自组织、参与。独揽并不等于独断专行，应充分发扬民主，各抒己见。而更大量的工作，必须分给各主管领导去做，发挥他们的主观能动性和创造性，让他们独立地完成工作，在实践中不断总结和提高。

……

有一次参加各地销售公司老总的会议，总结上一年的销售工作和布置下一年度的任务。听到大家的发言后，我就觉得有一部分老总的认识有偏差，他们把销售不好的原因全都怪罪于老天爷。我听了感到有点好笑，便纠正他们说："作为空调销售商，都希望天气越热越好，就是三十几度也不嫌热，最好是四十度以上，而且还要'又热，又闷，又没有风'，如果真是这样，岂不是世界末日？这样的天气我让你卖空调干嘛？随便叫个阿婆就行了。空调发展到现在，已经不是过去天热时才想起来用的奢侈品，而是逐步变成老百姓的必需品。销售虽然与天气有一定关系，但更重要的是我们自身要努力，服务要让客户满意，市场管控要到位，政策制定要更精准，这些不积极主动地去做，只看天吃饭，世界上哪有这样的好事？"通过这类的会议，我可以充分地掌握各部门人员的思想动态，并及时予以纠偏。

让员工形成独立思考的习惯，是管理者授权的目的所在。只有独立思考才能产生创新，格力的崛起离不开产品和服务的创新，朱江洪深刻地领悟到了这一点，因此，管理者应该引导员工思考问题的正确方向，鼓励员工大胆提出自己的想法，并用于实践。朱江洪说，要允许员工犯错，而且他本人也犯过很多错误。

4.7.3 做勇于负责的员工

在格力，如果有人说以下这四句话，那么董明珠就会立刻将这个人开除。

第一句是，不归我管；第二句是，我不知道；第三句是，他不在；第四句是，我也没办法。这四句话，点明了管理者在授权的时候，一定要注意团队的配合，防止反授权而产生员工推诿责任的行为，格力的责任感培养，是管理者赋予你跨职位、跨部门，要为全公司负责的权力。

董明珠执掌格力后，将授权工作融入到提高员工责任感的工作当中，董明珠的格力，各部门都配合处理问题，而且每个部门，每个员工在解决问题工作时，不允许不理不睬，既然企业授予了权力，就应该通力配合去实施。

格力的崛起，是典型的授权管理成功案例。应该对我们的管理者有所启迪。管理者不应该一个人独撑大局，而是要仔细挑选人才，雇用人才，然后授权给他们去负责，让他们独立作业，并为自己的行动表现负责。

第 5 章
共识文化：心在一起才叫团队

管理者要凝聚团队的战斗力，就需要建立一个思想统一的平台。权力再分配的基础就是上至高管，下至团队成员，都对工作有充分的共识。人在一起不叫团队，心在一起才叫团队。事实证明，那些处境艰难的公司其实就是因为缺乏共识文化而面临瘫痪。

5.1 没文化，多可怕

企业文化，是一个企业内部最基本的共识。大多数公司的网站和对外宣传册上，都有企业文化一栏。可是有企业文化不代表企业文化得到了广泛的认同，很多企业没有让企业文化深入到员工的心中，员工没“文化”，才是一个企业真正可怕的地方。

5.1.1 企业文化要深入人心

企业文化是企业的无形之眼，它为我们守护着企业最后一道防线。很多企业出现危机时，往往是企业文化挽救了企业。许多年前热播的电视剧《大宅门》，就很好地诠释了企业文化的无形力量。电视剧中，白景琦的儿子白敬业掌管了百草厅的制药业务，结果他在制药过程中偷工减料，被白景琦发现，白景琦果断地把这些以次充好的药材付之一炬。剧中白景琦对白敬业反复强调祖训：“炮制虽繁必不敢省人工，品味虽贵必不敢减物力。”而这幅在每家同仁堂前必挂的对联，实际上就是同仁堂坚持了几百年的企业文化。同仁堂享誉数百年，秘诀之一就是对这“百年一诺”的坚守和传承。对于药材，同仁堂一直有自己独特的原则——取其地，采其时。讲究的就是，有的处方规定的16根人参，产地都有明确的规定，多一头，少一头，都是不合格产品。很多人会说，只要员工努力工作，管理者认真负责，就是对企业文化最好的实践。但实际上，每一个企业都有其特定的文化，都会因不同的文化而产生不同的结果，就像每一个人都有自己的想法和处事方式一样。

大多数中国企业的企业文化是“空中楼阁”。别人有的，我们也要有，才显得企业的正规。但是企业文化归根结底是用来落地的。如何让企业文化规范管理，关系到企业的价值观是否能得到员工的认同，是否能促进企业共识的建立。

5.1.2 如何让企业文化落地

要让企业文化真正落地，首先要解决两个问题。第一个问题是“落什么”，即企业文化的内容要落实。第二个问题是“怎么落”，即要让企业文化落地所要采取的方式和方法。

视频13 团队构建共识文化，首先应让人受益

扫描下方二维码观看视频，告诉你如何让企业文化落地。

（1）企业文化落什么。

企业文化涉及范围是否广泛，分为内部和外部两个层面。内部层面包括员工的工作依据，什么才是优秀的、如何处理人际关系、如何思考等层面。外部层面首要的是企业的使命、愿景，通过文化理念服务社会。比如做商业，就要强调商品和服务品质的理念。

（2）企业文化怎么落。

要想企业文化落地，就必须注意以下几个方面，如图 5－1 所示。

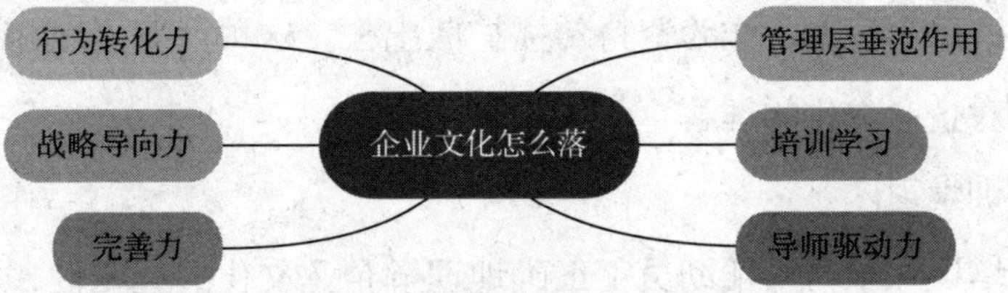

图 5－1　企业文化落地

①管理层垂范作用。

秦国的商鞅为了变法在城门外立木求信；海尔的张瑞敏为了警醒海尔员工而怒砸冰箱。这些实实在在的行动，可以深深印刻在员工的脑海中。

企业文化实践较好的企业，往往是由于管理者的垂范作用带来了较好的影响。相反，如果管理者的言行首先就与企业文化矛盾，讲特殊，那么企业是不可能执行成功的文化建设的。

管理者的言行是文化落地的启动力，对企业文化认真对待的管理者，其员工才会去践行企业文化。所以，文化落地的第一步是建立管理者的自我管理机制。

领导的自我管理包括以下三个层面：

第一，思考管理。管理者需时刻思考自己的行为是否与企业文化保持一致。其中，以下几个方面，管理者要进行市场的梳理和反思：

· 如何分配企业资源。

· 薪酬分配的奖励和地位的关系。

· 如何留住人才，使用人才，培养人才。

第二，身体管理。指的是管理者要主动参与文化落地有关的讨论、学习和活动，让员工感受到管理者对文化的重视。比如管理者亲自参加员工的企业文化培训，带领员工参加各类文化活动，并结合活动分享自己的认识，等等。

第三，影子管理。管理者所进行有关企业文化方面的活动、讲话等内容，都应该保存下来，作为资料传播扩散出去。这种反复播出和强调，会加深员工对企业文化的理解。

②培训学习。

通过培训和学习，帮助员工正确地理解企业文化的重要性，引导员工的工作态度和工作方法。例如，阿里巴巴在规模尚小的时候，就不惜成本对新员工进行文化培训。

③导师驱动力。

导师驱动力，就是在企业内部培养那些在企业文化理解和实践方面出色的员工，再让其充当企业文化导师，为其他员工培训。这样可以帮助员工将文化理念融入工作中。员工之间的相互借鉴和学习，可以形成一种文化口碑，这种口碑比正式的文化培训更容易让人信服。同时还可以降低培训成本。

④行为转化力。

“9·11”事件之后，航空业陷入危机，很多航空公司纷纷裁员，但美国西南航空公司却坚定地作出决定：一个不裁。美国西南航空公司的企业文化很简单，只有一个字：爱。而这种在危机之下保护员工的决策，加强了西南航空公员工“爱”文化的认同。于是，西南航空公司的员工纷纷提出，降低自己的工资和奖金，帮助企业渡过难关，有的员工还将自己的红利，甚至部分工资捐给公司。

员工可以正确地理解企业文化，但这不代表他们能够真正地去做。要使员工将对文化的理解转化为行动，就需要增加员工对企业文化的认同。

要提高企业文化的转化力，首先要实现管理固化。固化并不是不改变，不创新的意思，而是企业要通过采取符合企业文化的管理策略与制度，创造出一个符合文化理念的环境，进而引导和固化员工的行为。

⑤战略导向力。

为了增加企业文化的效能，需要以企业战略为导向。首先要做到“两个评估”。

· 一致性评估：评估现行所采取的管理行为，与文化理念是否要求一致，不一致的地方要尽快找出并进行修正。

· 管理效能评估：评估现行和文化要求的管理行为，哪些提高了业绩，能够支撑战略的发展，哪些不能及如何改进。

这种方式，实质上是以管理行为为桥梁，将文化与战略联系起来，避免了文化的虚化，增加了战略的动力。

⑥完善力。

世界上永远不变的就是“随时在变”。任何事物都一样，随着环境、市场、人员的变化，企业必须不断转变文化“落地”的方法，这些方法，需要员工去不断创新，但更多的需要管理层的指导。

公司在企业文化方面所取得的成绩、存在的不足应当定期进行总结，找到阶段性的、更好的改善措施，并组织全体员工分解实施，只有抱着“没有最好、只有更好”的精神，才能让企业文化建设落地生根。

管理学大师明茨伯格曾说：“确立一个企业文化可谓困难重重，而要改变文化也得耗时数年，我与那些久负盛名的企业的管理者在一起的几天中，发现他们都非常重视保持企业文化，原因就在于此。”企业文化建设是一个很漫长的过程，但是如果企业重视起企业文化，一步一个脚印，就一定能产生超预期的回报。

5.2 企业文化的形成需要热情

研究表明，管理者的言行举止，对企业文化的形成有着至关重要的作用。一个老板，首先对企业文化产生热情，才能让员工真正尊重企业的文化。热情的领导者以乐观的心态面对事业和工作，他所营造的氛围可以让企业蓬勃发展，并能激发出员工及团队更大的力量。

5.2.1 让员工感受到你的热情

有两家国外公司都计划打开非洲的市场。于是分别派两位经理去非洲考察市场。汤姆是其中一家制鞋公司的经理，他到非洲后，看到非洲贫瘠的土地上，人们早已经习惯了光着脚走路，于是就给公司发了一条信息：非洲没有市场，这个地方的人从来不穿鞋。而另一家公司的经理汉森，也来到非洲考察，两天后，他也给公司发了一条信息：这里的市场潜力很大，因为这个地方的人没有鞋穿。很快，汤姆就回到了公司，公司开发非洲市场的计划也泡汤了。而汉森却得到了公司的支特，在非洲努力开发市场，通过他不断地努力，当地的非洲居民都穿上了漂亮的鞋子，这家公司也成功打开了非洲的市场。同样一件事，不同的两个人，一个人成功了，一个人失败了，说明了什么？说明一个人的热情在最初的工作中起着决定性的作用。管理者要做团队中的“热血人物”，用自己的热情去实践企业文化，无论是在生活中还是在工作中，积极的态度和饱满的热情，都会给自己带来神奇的力量。反之，遇到一点挫折，就消极悲观、缺乏热情的管理者，也会将这种不良情绪传递给自己的员工。

俄国大文豪托尔斯泰曾经说过："一个人如果没有热情，他将一事无成。"人最可怕的就是缺乏做事的热情和决心。充满热情的管理者只要还有一口气，就要奋斗到底。

企业文化是什么？企业文化中更多寄托的是管理者心中的理想和抱负。如果一个企业的管理者对自己的理想都非常淡漠，那么怎么能奢望员工认真对待呢？所以，管理者应该充满热情，并将这股热情传递到每一位员工身上。对于管理者来说，热情可以使其具有强大的能量，这种能量会带动员工，使他们也同样能够释放自己的热情，从而造就企业的未来。

雅诗兰黛化妆品公司的创始人雅诗·兰黛，被誉为"化妆品工业皇后"的她正是凭借着自己对事业的高度热情，才创造出如此辉煌的成就，而且她直到 80 岁时，还坚持每天工作十几个小时。

被称为"经营之神"的松下幸之助，在工作中也是一个充满热情的人。在管理中，他一直遵循着这样的原则：热情胜过才干。他认为，一个人若拥有很强的能力与丰富的知识，但如果缺乏热情，那无异于纸上谈兵。

卡耐基说，成功的首要因素就是热情。没有热情，无论能力大小，都不能带领员工打造企业独特的文化，发挥出企业的特质。

5.2.2 管理者如何让自己成为"发热厂"

多年前，新东方高层发生激烈的争议，俞敏洪让出董事长的位置，将公司的日常管理交给董事会。很多人觉得俞敏洪一定完了，他不仅没有战斗下去的决心，也没有重新爬起来的勇气和热情。但是，俞敏洪却回到初衷，用极大的热情重新回到教室教书。当他被董事会重新邀请并担任董事长后，人们看到的是一个更健康、更充满热情的俞敏洪。俞敏洪说："那几个月的教书生活，让我对教育事业更加热爱了，新东方需要热情，我也愿意把我的热情传递给同事们。"

很难想象一个管理者如果失去对工作的热情，会是什么样子，企业会受到怎样的影响。

热情是辨别领导力的要素之一。而对于普通员工来说，保持旺盛的工作热情是一种潜在的能力，只有通过训练，才能展现出来。

要想增强自己的热情，管理者首先要对自己的情绪力做一个完整的评估：

(1) 有觉察自己情绪的胜任力。

这一点要求管理者能够觉察出内在的情绪状态，特别是能够在工作中（尤其人际关系互动中）很快从自己的情绪反应、感受经验及思维中，觉察出自己的情绪究竟为何？并加以区分出矛盾、复杂、多重的情绪。高级要求指能够了解情绪的成因及其可能的影响力。

(2) 有调节自己情绪的胜任力。

这方面要求管理者能够有效排除自己的不良情绪（例如，焦虑、不安、挫折、沮丧、愤怒），消除其对工作绩效产生的影响；此外个人也能够有效增加或提升自己的积极情绪，使其达成工作目标。

(3) 有觉察他人情绪的胜任力。

这方面要求管理者能够觉察到他人的情绪，解释他人情绪变化的原因，并能够设身处地地站在他人的立场，体会他人的情绪感受。

(4) 有调节他人情绪的胜任力。

管理者要能够调节他人的情绪状态，以协助他人目标的达成，或促进个人目标的达成。高级要求指领导者能够影响整个团体的情绪状态，如激发团队的斗志，取得团队的认同等。

对情绪力做完完整的评估后，管理者可以运用情绪调节的技巧来保持自己对工作的热情，如图5-2所示。

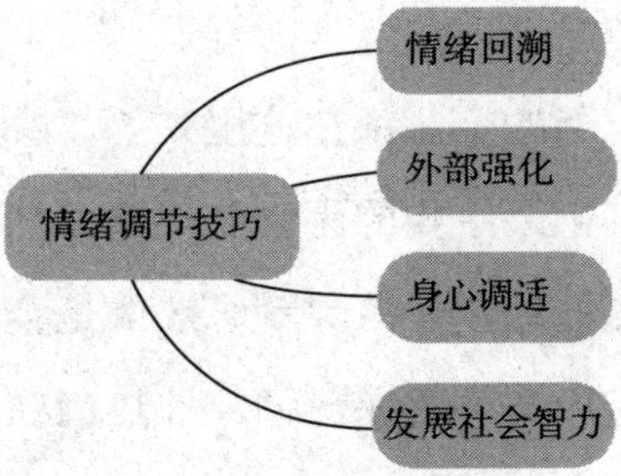

图5-2 情绪调节技巧

（1）情绪回溯。

情绪回溯是培养与提高情绪能力的方法之一，包括对各种无名之火、莫名之燥，甚至各种疾病痛苦或悲剧快感的象征意义溯本求源。在进行情绪回溯时，慢慢体味自己曾经所体验到的各种情绪，可以通过自我剖析而体验自我的思维定式，从而平复情绪并产生认知领悟。研究表明，通过角色扮演和写作等情绪回溯方式来直接面对情绪调控，具有非常好的效果。

（2）外部强化。

外部强化是指通过采用适当事物来增加反应强度、概率或频度的过程。强化物既可以是物质性的，也可以是象征性的。强化分为积极强化和消极强化。积极强化，通过呈现想要的愉快刺激来增强反应频率，如微笑面对员工。

（3）身心调适。

管理者应该充分运用身心调适技术，包括放松调节、呼吸调节和想象脱敏等方法。例如，当管理者能够充分认识到自己个性急躁的弱点时，应主动对自己进行心理放松和心理暗示，用语言暗示自己“不要急”“急躁会把事情办坏”，等等。

（4）发展社会智力。

由于社会智力与情绪胜任力关系密切，通过社会智力的发展会对胜任力的提升起到积极促进作用。

商场如战场，成千上万的企业都在这里厮杀。决定竞争胜负的因素很多，而企业的热情就是其中最主要的因素。热情虽然不是万能的，但是没有热情是万万不能的，热情是企业的灵魂，热情是企业生命力的源泉，热情是个人与团队成功的基础——传递热情，让热情在团队中扩散、飞扬是每一个管理者的责任，也是管理者能力的体现。

5.3 带领员工集体“点赞”

就像号召朋友圈里的朋友集体“点赞”一样，管理者要让共识成为驱动力，让员工真正赞成企业的战略方向，而不是用多数人去压制少数人的意见，这样的团队才能做到方向一致，行动统一。

5.3.1 少数服从多数，真的对吗

一个企业的老总，年初找到他的四位高管，开了一个制定企业战略的会议。第一次开会，企业老总拿出了成文的战略规划，发给四位高管，并让他们回去看看，下次开会时再谈谈意见。一星期后，老总再次召集大家开会，四位高管分别谈了各自的看法：

高管 A：我觉得，这个战略的大方向就有问题，我们是一个刚刚起步的单位，营业额不足 100 万元，依照这个方向发展，我们明年的营业额要达到 500 万元，增长 500%，这几乎是不可能完成的任务。相反，由于市场原因，今年我们的 × × 产品销售额一定会下降，因此我认为，今年的营业额应该设定为去年的 90% 左右。

高管 B：我认为我们的战略布局是合理的，问题是能不能尽快施行。

高管 C：我没意见，老板叫我干什么我就干什么。

高管 D：我认为战略设计可行，但是，在薪酬方面，应该给予更高的激励，这样员工才更有工作热情。

四位高管都发表了意见，有三个人都认为战略规划是可行的，于是老板对高管 A 说："你看，大家都赞成这个战略，你是少数，你的意见就保留吧，那好，这个战略会尽快下发给各部门，也希望你们尽快把公司的战略意图传达下去，散会。"

高管 A 很不服气，会后和其他人发牢骚："既然让我发表意见，还不采纳，那我以后还有什么可说的呢。以后这种会议，趁早别找我，找我又不听我的。"

企业战略正式下达后，由于这位高管本身就有情绪，因此根本没有用心贯彻企业战略的决心，到了这年年底，因为这位高管所负责的业务根本就跟不上企业发展的节奏，因此企业营业额没有达到战略规划的目标。但这位高管认为自己没有什么错误，还冷嘲热讽："你看，当初老板不听我的，怎么样，我说完不成，就是完不成。"

我们经常遇到这种情况，团队内部意见不一致，甚至从工作方向上都南辕北辙，这个时候，老板应该怎么办。许多老板的通常做法是：少数服从多数。但是他们根本没有考虑到，企业战略的实施，需要公司所有人的努力，各部门的配合更是环环相扣，才能让企业的轮子转起来。一方停摆了，就会影响其他部门的工作。所以，简单的少数服从多数不是在创造共识，而是在破坏共识。像前文中的案例一样，老板不应该让高管 A 保留自己的意见，而是应该单独和他谈话，向他具体解释这样设定战略的原因是什么，有哪些有利条件，有什么困难需要克服，让这位高管看到更多的希望。

5.3.2 方向一致，行动才能统一

曾经赫赫有名的"万通六兄弟"：刘军、王启富、易小迪、王功权、潘石屹、冯仑六人。1991 年在海南共同创立了科技公司，此后不到 10 年时间，六人纷纷离去，各自打拼，这个曾经号称"座有序、利无别"的超

级团队，股权利润完全平分的团队，为什么最终选择了散伙呢？

其实，在散伙前夕，六兄弟之间的矛盾冲突不断，而这些冲突全部是经营理念上的不同，你想往东我想往西，没有利益上的纷争。

“大家说不到一块去，于是争吵就不可避免。大约有一年的时间，我们一开会就吵，几乎天天吵。”潘石屹回忆说，吵到无法调和时，剩下的只有散伙。

然而，让人感到惊讶的是，这六个人各自离开后，都按照当初争吵中自己的理念开始打拼，最后都获得了成功。实践证明，这几个人的观念都没有错。很多人觉得，如果当时六个人对企业达成了共识，那么今天那家海南企业就一定会成为中国企业的巨头。

要让团队的方向一致，工作必须从上层抓起，管理层出了问题，企业各部门的问题就会都暴露出来。管理层作决策前，首先要一对一找到高管做工作，对制定的目标，管理层必须统一思想，只有统一了思想，才能坚决执行。在这里，坚持“一个都不能少”的原则至关重要，一位员工如果不能跟部门保持一致，那整个部门就会发生问题。如果有一位管理层的思想跟不上企业，那企业的整个管理环节就会出问题，继而影响公司目标的实现。

那么，如何统一管理层的方向和行动呢？如图 5－3 所示。

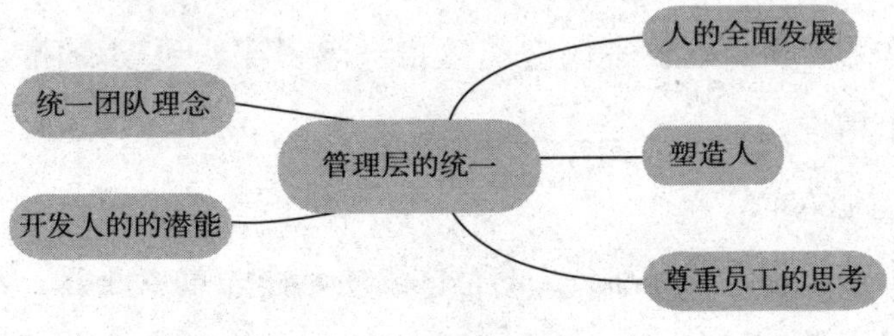

图 5－3　管理层的统一

（1）统一团队理念。

相当长的时间里，我们的企业热衷于片面追求产值、利润和生产效率。事实证明，越热衷于赚钱的企业，现在越不赚钱。因为这些企业的管理者忽视了创造财富的人。

一个团队，不应该是随声附和者的抱团取暖，而是应该由强大的人和强大的精神力量所形成的。在不断地生产经营实践中，人们越来越认识到，决定一个企业、一个社会发展能力的，并不在于他上不上市，利润的多少，而在于企业团队是否发挥了他们的智慧、才能和技巧。

因此在企业的经营中，管理者必须树立依靠人的理念，通过全体成员的共同努力，才能创造组织的辉煌业绩。

（2）开发人的潜能。

生命有限，智慧无穷，绝对无能的人是不存在的，企业最大的优势就是能够激发内部潜藏着的大量才智和能力。管理的任务在于如何最大限度地调动人的积极性，激励员工以极大的热情和创造力投身于工作之中。

（3）尊重员工的思考。

有一句话说的好，常常和你说“YES”的人，不一定是真朋友，会对你说“NO”的人，你一定要重视。因为这证明他的意见和别人的不一样，是经过慎重思考，是有价值的。要做到对员工思考的尊重与肯定，维护人的尊严。作为一个企业，不仅要尊重每一名员工，更要尊重每一位消费者、每一个用户。

（4）塑造人。

每一个企业都应把提高员工的整体素质，作为重点任务。尤其是创新型社会，技术生命周期不断缩短，知识更新速度不断加快，每个企业，每个团队都必须不断学习，以适应环境的变化并重新塑造自己。提高员工素质，也就是提高企业的生命力。

（5）人的全面发展。

人的全面而自由的发展，是人类社会进步的标志，是社会经济发展的最高目标，也是管理所要达到的终极目标。

一个企业要想去完成它的目标，就必须步调一致、整齐有序，和团队中每个人的相互协作，需要凝聚这个团队每个成员的力量，个人目标与总体目标一致，这样才能充分发挥团队力量，齐心协力地去实现这个目标。

5.4 缩短决策时间达成共识

我们的企业经常会出现这样的现象，为了某个项目，无论是管理团队，还是经营团队，为了如何执行而喋喋不休，吵个没完没了，决策者为了达成一致意见，一直在中间沟通、协调，等到拿出了一个令人满意的方案后，最佳时机已经错过了。如果一个企业从一开始，团队就对发展的大方向有一个基本的共识，那么就可以极大地缩短企业的决策时间，让企业在对的时间做正确的事。

5.4.1 优柔寡断容易错失良机

一次一家公司营销总监提出了一个很好的主意，和老总沟通时，老总却不同意。当时会议上其他同事的意见也很不统一，有的跟着上司一起摇头，而有的却说这是一个好主意。虽然，这位营销总监提供了很多参考数据，但是决策会议上依然是讨论热烈，最终却没有结果。半个月后，经过这位营销总监的努力，方案终于通过了，但是竞争对手却用了类似的方法实施了一个火爆的营销活动。企业决策层对此都非常惋惜，但都对意见不统一而导致的错失良机毫无办法。

硅谷投资人保罗·格雷厄姆曾经说：“大多数的企业不是死于竞争对手的强大，而是死于自我毁灭。”他的这句话可谓切中要害——比起企业间的竞争、经济低迷等外部环境因素，绝大多数企业的毁灭都源于自身。

如果更进一步地探讨这个问题，不难发现企业的自我毁灭主要存在两种形式——要么是管理的不健康的运行，要么则是决策时间过长。而这些问题之间又存在着串联关系，进而会导致企业错失战略机遇。问题出在哪里呢？问题出在企业没有一个良好运行的决策机制，来凝聚团队共识。

企业决策水平的高度，决策时间的长短，决定了创业公司能否抓住机遇，快速发展。时间意味着机会，而由于没有共识而错失良机，对企业的影响无疑是灾难性的。作为企业的决策者，优化决策流程，在恰当的时间点做最正确的抉择，既要有广开言路的胸怀，也要有孤军奋战凝聚共识的魄力。如此，企业才能走得更远。

5.4.2 如何缩短决策时间

共识不一定是每个人都接受的，如果一味地让所有人都认同，就意味着整个团队势必面临决策时间增加的问题。因为在过程中会发生数不清的沟通环节。决策时间的增加还会加深企业对于项目成败的忧虑，这会使企业没有魄力去承担风险，而陷入求稳不求变的陷阱之中。管理层内部的犹豫不决，会渗透到整个企业，如果在企业中这种保守、不求上进的氛围一直蔓延，那么这家企业就会面临着被淘汰的命运。

要建立健康的决策机制，首先需要管理者拿出敢于负责的勇气，管理者没有勇气，畏首畏尾，企业就不能迅速做出任何决定。

美国前总统哈利·S·杜鲁门曾经是个懦弱的青年，带着厚厚的、像啤酒瓶底眼镜的他，沉默寡言，见到人还非常羞涩。但后来有一件事彻底让他改变了对自己的看法。33岁时，杜鲁门参军入伍，正值第一次世界大战美国参战时期，他被派遣到法国指挥一个炮兵连作战。

一天晚上，敌人向阵地发起了偷袭，释放了大量烟雾弹，有人认为敌人在烟雾弹中会夹杂毒气弹，导致杜鲁门连队士兵开始四散奔逃。

狂乱中，杜鲁门从马上跌落，但他却强忍疼痛爬了起来，大声呵斥着："快回去，一定要阻止敌人。"在他的命令下，炮兵重新编好队，胆战心惊地度过了一夜。

在那一夜，杜鲁门发现自己体内原来蕴藏着很大的勇气。他说："我们都有畏惧的东西。一个人越聪明，他就越感到恐惧。而真正勇敢的人即使知道自己害怕，也会强迫自己继续前进。"

每一个决策都会有风险。要做出正确的决策，需要勇气和胆识。而对于管理者来说，正确的决策比所有人都同意的决策更重要。而要做出正确的决策，并不需要征得每一个人的同意，而是要和一线、最接近项目执行的人来取得共识。

此外，管理者决策的目的是为了达成最满意的方案，而不是最佳方案，在方案的审视上，管理者要回答以下几个问题：

（1）影响方案的因素是否都已考虑到？

（2）现在不决策，是否错失最佳时机？

（3）现有的方案是否能基本实现决策目标？

（4）延长决策时间是否能找到更令人满意的方案？

在这里，决策分析会延续一段时间，寻找支撑满意方案的依据。可能很多人会说，这能提高决策时间吗？在项目决策，特别是关系到企业前途的重大项目上，24 小时已经是黄金时间，而我们的企业能在 24 小时做出决策吗？这是中国大多数企业的决策情景。

如果决策方案评估完整，依据充分，却还是达不到基本共识，特别是在非绝对控股的公司，股权平均分散，没有一个人能决定企业的走向，在这种情况下，我们还要掌握如何在决策过程中达成共识的一些技巧，如图 5 –4 所示。

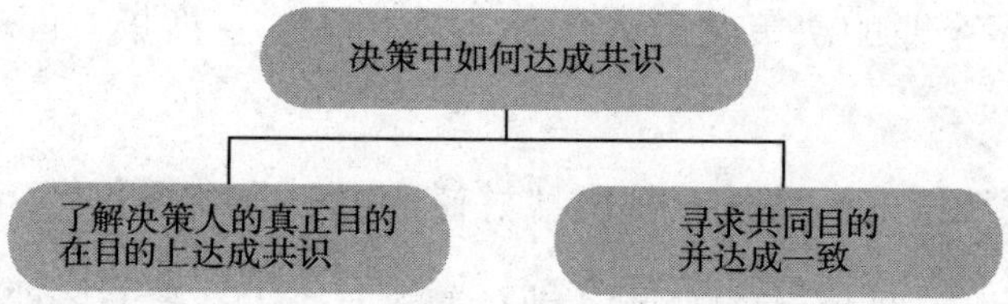

图5－4　决策达成共识

（1）了解决策人的真正目的，并在目的上达成共识。

在决策过程中，首先要了解各个决策人的真实目的，以在目的上达成共识，形成有效的、一致的决策结果。

当然，在决策过程中，要集思广益，以企业发展为目标，切忌夹杂个人主观情绪，比如愤怒、指责等。在决策过程中，任何掺杂愤怒、指责、逃避等情绪，都会让对方失去安全感，从而隐藏真实目的。所以，决策人要心平气和地讨论事件本身，切忌东拉西扯。

另外，在决策过程中，应利用询问－理解－重复－重述－探测－分享，以及自己推断和逻辑等形式获得对方的真实目的，从而达到双方信息不对称的最小化，并引起共鸣，进而愿意携手一起解决问题。

（2）寻求共同目的，并达成一致。

现实中，有的人如果有了先入为主的结论后，就不会去考虑别人的观点。那么就应该首先放弃说服，然后先达成决策，再以私下沟通的方式解决，这种方法更有助于完善决策的方案。

决策会议上，最重要的是让每一个人正确表达出自己真正的需求，在沟通中寻求达成对事物的共识，从而能够统一行动，实现双赢，尽量减少把团队的能量浪费在争执和妥协之中。

决策时间的合理分配还取决于信息搜集，然而，信息并不是越多越好。如果不了解决策本身，管理者就会下意识地拖延决策，但如果信息过大过杂，就会干扰管理者的决策，结果导致很多事情一再延误，最后酿成大问题。很多企业的决策之所以久拖不决，和信息搜集方面有着很大的关系。

在信息搜集方面，李嘉诚提出“好谋而成、分段治事、不疾而速、无为而治”四句话，也就是在决策之前，需要有一个大致的目标，然后为这个目标再做足准备工作，尽量缩短决策时间，快速执行。

壳牌公司在1970年初就推测，今后几年，随着中东国家与欧美国家关系的持续恶化，全球可能出现石油禁运问题。于是很快，他们就开始大量购买石油，囤积起来。当石油危机爆发，很多企业，包括美国政府都手足无措时，壳牌公司成为损失最小的大型石油公司。壳牌公司储存了可以运营数年的石油储备，足以应付禁运期间的石油短缺。

谷歌董事长埃里克·施密特为了提高决策效率，明确信息搜集不能超过一个工作日。而在他的领导下，谷歌业绩迅速增长，股价突破500美元。

A·J·S公司副总裁普希尔提出了著名的“普希尔定律”：再好的决策也经不起拖延。如果不能在公司中迅速形成共识，那么拖延的共识和没有共识的结果是一样的。

5.5 团队如何构筑共识

团队建立之初，就要和管理者达成基本共识，如果连这些基本共识都无法建立，团队就会成为一盘散沙，出现人在心不在的现象。因此，构筑共识，对管理者来说，并不是简单的尊重与聆听那么简单。

5.5.1 管理者必须让团队放心

一家专门负责包装的公司，总经理的管理非常困难，因为一遇到问题，团队的意见总和他的意见不一致，但他总觉得自己是老板，应该树立自己的威信。这样一来，团队和他的意见经常不一致，工作就会很受影响。

在企业创立之初，这些人也是踏踏实实地跟着老板干的，可是由于老板急功近利，常常暗示他们以次充好。员工觉得这么做，迟早要出问题，于是对老板的决策是一百个不放心。而且这个老板平时说话就不算数，明明答应给员工的福利待遇，后来却是雷声大雨点小，整个团队的员工都对老板失去了信任。

团队无法与管理者达成共识，病因首先是对管理者不放心。因此，基础的共识就是老板要让员工放心。只有员工觉得管理者是值得信赖的，才会以更大的热情投入工作，并展现出共识行为来。

视频 14　企业文化是员工的行为指南，员工行为折射出企业文化

扫描下方二维码观看视频，为你解读企业文化的精髓。

团队无法对老板放心，主要体现在以下几个方面：

（1）缺乏胆识。

管理者无法坚持自己的立场，就很难得到尊重及信任。很多老板喜欢"左手曾国藩，右手左宗棠"，他们浪费很多时间在模仿他人，而不是尝试找出自己的管理风格，这体现了管理者自身是缺乏自信和胆识的。当管理者缺乏胆识，无法发挥自身及员工潜力时，对其判断力、自信心、自觉度及整体能力都是极大的挑战。

（2）公事不公开。

管理者要注意，内部管理需要透明化，避免对员工有所隐瞒。

（3）自我中心。

管理者需要让员工知道，他所分派的工作全都有利于团队进步。以自我利益为中心的管理者很难赢得团队信任。

（4）名声不佳。

管理者自身随时都受到员工的评判。得到正面的反馈时也不能过于自满，否则很快又会有负面的评论，进而影响员工对你的信任。

（5）不够宽宏大量。

管理者不是真心替员工考量，而是以自身的利益为基础来看待员工时，很难受到员工信赖。员工的表现得不到肯定，甚至获得过多的否定，自然就不会信任管理者。

德鲁克说，现代管理的本质是经营信任。而管理者和员工之间建立信任是基于重复行为的循环过程。循环的开端，在于管理者通过自身行为向员工灌输信任。而管理者有六种行为非常重要，这些行为有助于获得员工的信任，如图 5－5 所示。

图 5－5　管理者的六种行为

（1）一贯性和可预见性。

如果管理者的决策是可预见的，与企业精神是不冲突的，并且积极地向员工解释各种决策和行动，就会在员工心中激发起更大的信任。如果管理者做事易冲动，经常装得深不可测，就会失去员工的信任。

（2）正直诚信。

仅凭决策的可预见性，只能够在员工中营造开放式的氛围。为了赢得信任，管理者必须在行动中体现诚信，管理者不能说假话、空话、套话，而是要做到言出必行，而且是切切实实的行动。

（3）公开沟通。

这是信任关系的变量。不管真相是什么，管理者也不能向员工隐瞒。如果管理者只是一味地回避问题，员工就会更加无所适从。

（4）分派工作和授权。

积极有效地授权给你的员工，这样做能激发员工对管理者的信任。

（5）关爱员工。

管理者对员工表现出关心和关爱，员工的信任感就会增加，在这一点上，同理心最能帮助管理者激发员工的信任。

（6）忠诚。

和员工之间建立的信任，管理者也必须对员工表现出忠诚。老板对员工忠诚，体现在当员工的工作遭到质疑时，管理者应该站在他们这边，为他们辩护。即使最后证明是员工的错，管理者也要鼓励他们。

如果管理者能够以上述6种行为来对待员工，就会在员工心中建立起信任，而员工也会以同样积极的行为来回报管理者。

5.5.2 管理者和团队的共同愿景

200多年前，美国在独立战争中胜利了，开国元勋们讨论的不是谁当总统，而是：我们能够创建什么样的程序，使国家在我们死后仍然能拥有很多优秀的总统？我们希望建立哪一种长治久安的国家？要靠什么原则建国？国家应该如何运作？我们应该制定什么指导方针和机制以便创造我们梦想的国家？

这个强大的愿景激励着无数的美国精英为之奋斗，从华盛顿、亚当斯、杰弗逊，再到林肯、罗斯福，这个愿景感召着美国人为之而努力。在这个愿景的感召下，美国才有了强大的今天。

愿景的力量是空前的，作为管理者，我们要告诉员工，我们是什么，我们为什么，我们干什么。即使我们的企业真的是为了赚钱，管理者也要明确告诉员工：我们的公司就是一部赚钱的机器，而我们就是驾驭这部机器的人。

愿景让员工能够和企业一起分享对未来的憧憬，让员工对未来有更深的期待，让员工获得一种强大的事业使命感。

视频 15　只有合作，才能共赢

扫描下方二维码观看视频，告诉你如何打造团队的核心价值观。

面对愿景，我们需要回答以下问题：

（1）我们要到哪里去？

（2）我们未来是什么样的？

（3）目标是什么？

确立了愿景，对管理者和团队来说，具有以下几个积极意义：

（1）增强凝聚力。

管理者和员工共同设立愿景，可以增加企业的凝聚力。沃尔玛的人力资源部副总裁曾说："愿景是企业的'灵魂'，它通过向员工宣传统一的企业价值观而将他们凝聚在一起，这些价值观影响着员工的生活方式、行为方式和价值信念，促使他们积极地为企业创造价值。"

（2）增强约束力。

愿景是没有固定的条文来进行约束的，它是一种约定俗成的东西，是企业内部共同遵守的一种行为规范和思想道德准绳。

成功企业的愿景注重人的因素，强调尊重每一个人，相信每一个人，凡事都以员工的共同价值观念为尺度，而不是单纯以管理者个人的意志为尺度。

（3）扩大辐射力。

愿景作为向外界传递企业的精神风貌、经营状况、管理风格、服务态度、产品竞争力的重要信息，为的是得到社会的承认和肯定，反过来又对社会产生积极的影响。

虽然我们经常讲到企业那只无形的手：文化、理念，但是真正需要的是共识，只有共识才能促成实践，将直接决定着员工对于企业的态度。

5.6 化解团队冲突

有人的地方就一定会发生冲突。在企业中，管理者会遇到很多团队内部的冲突。发生冲突的原因是多方面的，只有对症下药，才能让团队更和谐，凝聚起更多的共识，提高企业的整体竞争力。

5.6.1 团队冲突影响共识达成

某通信企业是一家成长速度非常快的企业。公司成立以来，短短 5 年内，销售额增长了 300%。但就在这时，公司内部发生了冲突，影响着公司绩效的继续提高。

首先冲突的导火索是公司聘请的 CEO，这位 CEO 是韩国人，管理模式完全按照韩国企业风格设计：在韩国，加班是习以为常的事，而且没有额外的加班费，但是该企业之前对加班有补贴制度，从饭补到交通补助，一应俱全。新任 CEO 无报酬地让员工加班，长时间引起了员工的不满，一些优秀员工还因此离开了企业。

此外，这家公司部门之间的协调也发生了困难。由于公司快速发展，客户对公司产品的要求也相应提高了。销售部就经常抱怨研发部开发的产品不符合客户的需求。而生产部则抱怨研发部开发的产品不符合生产标准，销售部门的订单无法达到成本要求。

在企业共识文化建设中，管理者不可避免地要面对一些矛盾和冲突。

这些矛盾和冲突，不管是来自上下级之间的还是团队内部的，怎样应对和处置，都是对管理者能力的严峻考验。如何处置矛盾与冲突，是每一个管理者必须面对的问题。

管理者要明白，冲突在企业壮大的过程中，是团队发展产生的现象。有一些矛盾和冲突是影响团队共识认知和战斗力的，甚至有可能发展成两种极端：一种是谁也不得罪，也不发表意见的和事佬；一种是事事都要挑错的麻烦制造者，如图 5－6 所示。

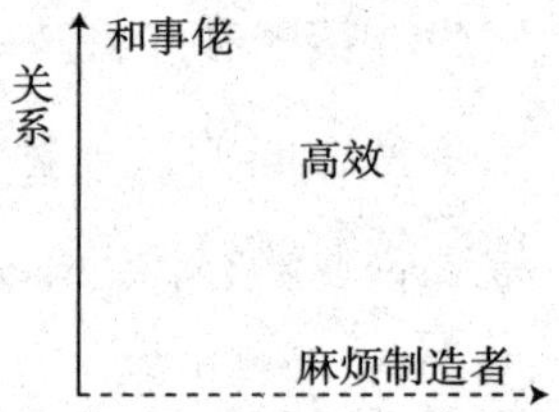

图 5－6　冲突的两个极端

对于这种冲突，管理者就要采取适当的方法进行协调。在具体协调时，管理者应把握好以下几个原则，如图 5－7 所示。

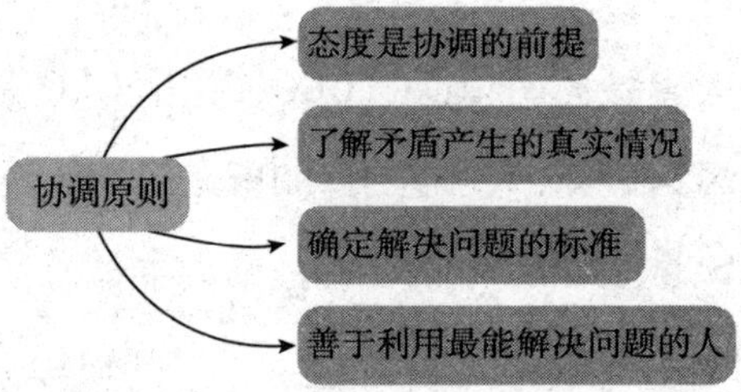

图 5－7　协调原则

（1）态度是协调的前提。

在解决冲突时，管理者一定要有一个坦诚的态度，还要有有容乃大的胸襟，做到相互包容，以友好的方式对待他人。胸宽则能容，能容则众归，众归则才聚，才聚则业兴。胸襟开阔、雍容大度是中华民族的优良传统。

团队中的每个成员都有其优势和短板，管理者应该主动寻找团队成员积极的品质，而不是简简单单地发出命令和指示。所以，团队相互包容的工作气氛很重要，它直接影响团队的工作效率。如果团队的每位成员都去主动寻找其他成员的积极品质，团队整体的工作效率就会提高。

态度决定一切。以坦诚、包容的态度处理冲突，往往更能赢得支持和理解，使冲突处理取得意想不到的结果。要高效地处理冲突，化冲突为和谐，除了遵循这些必要步骤外，掌握处理冲突的技巧也是必要的。

（2）了解矛盾产生的真实情况。

管理者要解决冲突，首先必须进行细致的调查研究。要兼听冲突双方的意见，也要听取旁观者的意见。在深入细致的调查基础上，再对所掌握的材料进行系统地分析和研究。通过调查研究要掌握下列情况：

①冲突的起因、经过、现状和趋向。

②冲突双方的观点、理由、要求和动向。

③是无原则的冲突，还是原则问题上的冲突。

④冲突产生的原因是认识上的分歧，还是利益上的冲突。

掌握了以上情况，才便于管理者对症下药，成功地调解员工之间的矛盾纠纷。

（3）确定解决问题的标准。

解决问题的标准，从某种意义上来说，也就是解决问题时希望达到的某种状态。这本质上也是一个目标，这个目标决定解决问题的根本出发点。这个目标的确定可以帮助管理者下决心，不姑息某一方面的利益而作出果断决定。另外，确定目标是解决不同意见的必要方法。当几种意见同时出现时，管理者需要向员工明确团队的工作目标，这是实现求同存异的一个很好的方法。

（4）善于利用最能解决问题的人。

虽然你是管理者，但最适合解决问题的人也许并不是管理者本身。很多时候，管理者必须借助那些最能解决问题的人。这些人应该是问题涉及领域中的权威。他们既可以是某类问题的专家，也可以是冲突各方的直接领导，甚至可以是其他部门的领导。

当你把这些权威们召集起来的时候，最好尽量让他们完整地陈述自己的观点，开诚布公地讨论问题，以最直接的方法解决矛盾，尽力促成他们互相理解，并达成一致。这样一来，矛盾就基本解决了。因为下级员工一般都支持一方的权威，一旦他们的领导作出决定，他们自然也会跟着作出让步的。

5.6.2 如何化解团队冲突

托马斯·基尔曼冲突模型是针对企业内部冲突的解决方案评估和选择方法。其中，坚持程度，即从上到下，从坚持到不坚持，决定着冲突一方是否会妥协；合作程度，即合作和不合作，决定着冲突的另一方是否能接受另一方的妥协，并能够采取宽容、合作的态度。在坚持和合作之间，冲突的五种表现形式有：竞争、合作、回避、迁就和妥协，如图 5－8 所示。

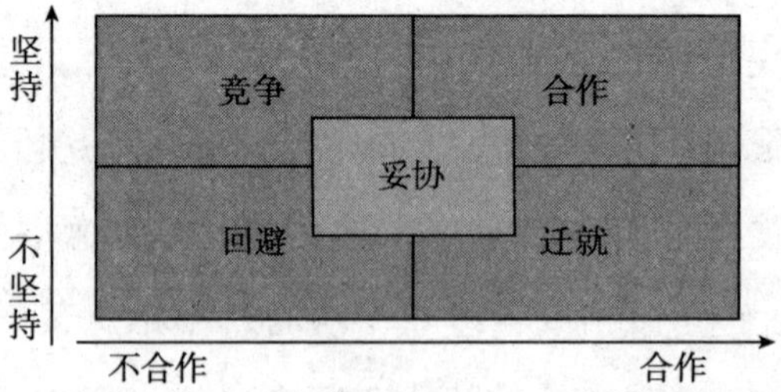

图 5－8 团队冲突

解决团队中冲突的方法主要有以下几种，如图 5－9 所示。

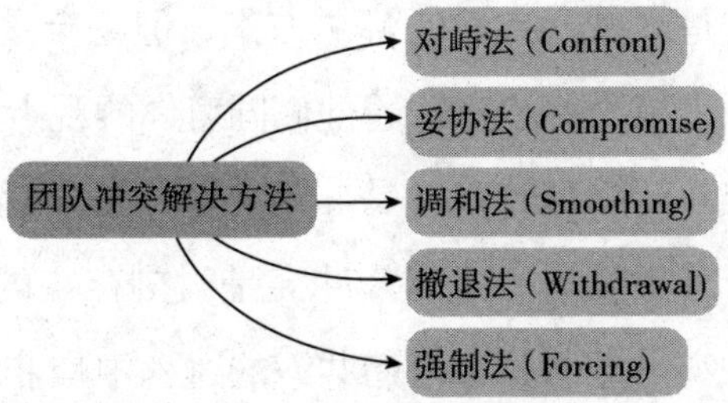

图5－9　团队冲突解决方法

（1）对峙法（Confront）。

这种方式也被称为“解决问题”法，这是解决冲突的最好办法，问题的存在是造成冲突的原因，而问题的事实是什么呢？冲突的双方在爆发冲突过程中，肯定已经掩盖了部分事实，一旦发现相关的事实，就应该将全部事实呈给相关各方，而解决方法也会清楚地显示出来，这样得到的解决方案是永久方案，冲突也会消失。这是项目经理最常用的冲突解决方法，也是一种双赢的冲突解决技术。

（2）妥协法（Compromise）。

当冲突各方同意妥协，并达成一个解决方案时，就达到了妥协的效果。相关各方决定自己放弃什么，坚持什么，而最终通过取舍，得到一个解决方案。

（3）调和法（Smoothing）。

调和法是一种历史方法，即力图让冲突显得并不像实际情况那样严重。冲突各方彼此减少双方之间的分歧，集中焦点在那些双方达成一致的地方。

（4）撤退法（Withdrawal）。

撤退法是双方处于冲突中时选择退出。问题虽然不会得到解决，但是冲突不会继续。

（5）强制法（Forcing）。

管理者利用其权力终止冲突，接纳冲突一方的建议。这是一种得－失的冲突解决方案，是一种永久性的解决方案，但是会给团队造成一定的影响。因为人们服从于权力并不意味着他们同意你的观点。

解决团队冲突对于管理者来说是非常头疼的一件事，所以了解并学会使用解决办法是十分重要的。又因为冲突是时刻存在的，因此，掌握好冲突的类型和解决冲突的办法，在营造共识的过程中是非常必要的。

第6章

情感投资：用情感的温度泡开员工的硬度

管理人性化首先注重的是管理者对员工要投入真情实感。很多员工之所以觉得企业制度和企业文化“冷冰冰”的，就是因为管理者缺乏对员工必要的情感投资。管理应该是有温度的，让员工有一种家庭式的归属感，员工才能为这个家庭去努力打拼。

6.1 管理就是做人——三分理、七分情

管理首先要注重的是有理、有力、有节。管理者首先必须做到有道德、有依据、有人性。因此，管理和做人一样，堂堂正正，又不失去应该讲的人情。因此，我们说管理靠的是三分理、七分情。

6.1.1 不会讲感情，谁还肯干活

某家公司，有两位经理，分别带领着自己的团队在公司工作。两人年龄相仿，经历相近，但两人在管理理风格上却截然不同。

经理 A 待人和善，非常愿意和员工交流，工作中对下属也非常照顾，但绝不偏私，该奖的奖，该罚的罚。因此，经理 A 的员工在业务上都非常上进，平时也能严格要求自己。他的下属说得最多的就是："经理对我们这么好，我们不能对不起他啊。"如果下属在工作中出现了错误，经理 A 也首先站出来自己承担责任。员工遇到了困难，他也总会给予适度的关心。每逢节假日，他还要送给自己的下属一些小礼物。可以说，经理 A 所带的团队，是一种家庭式的温馨团队。

经理 B，对自己的员工态度就截然不同了，他对下属非常严厉，但却缺少必要的温情。做事一点没有人情味，经常呵斥自己的下属。有员工就因为迟到了一次，经理 B 就把该员工半年的奖金全扣掉了。

不久，公司进行人事调整，经理 A 工作有业绩、有口碑，获得了公司

管理层的重视，他们认为，经理 A 完全符合做一个职业经理人的要求，因此，将经理 A 调入了企业的高管团队。而经理 B 尽管工作也做得不错，但下面的员工却怨声载道，管理层认为，他不能很好地协调企业内部的人际关系，不利于团结企业，因此，经理 B 失去了晋升资格。经理 B 觉得很委屈，为什么自己兢兢业业，却得不到提拔？很快，他便辞职离开了公司。

经理 B 不懂得在管理中融入人情，是他晋升失败的主要原因。作为管理者，我们不能忽视自己的下属和员工，很多时候，就是你的下属成就了自己，将自己抬到了更高的位置。老板是船，员工是水，“水能载舟，亦能覆舟”，管理者要懂得感情投资，情感的付出在关键时刻会有回报，这是管理者应该具备的情商智慧。这里面，有几方面的原因。

首先，获得情感投资的员工，在内心深处会引发责任感，觉得管理者对其有知遇之恩，懂得“知恩图报”的道理，因此会以努力工作去回报管理者。

其次，管理者对下属的感情投资，会使下属产生“归属感”，“归属感”是下属充分发挥工作积极性的源泉之一。

第三，没有人愿意被老板忽视，更不希望自己成为老板的“眼中钉”，如果得到了管理者的感情投资，下属的心理就会平衡得多，所以更愿意贡献自己的力量与智慧。

最后，感情投资对激发下属的开拓意识和创新精神有着非常重要的作用。员工发挥创新精神往往是有条件的，如果员工对老板产生质疑，甚至厌烦，他就不可能会有创新，而是抱着“宁可不做，也不能做错”的心理，混日子。

如果管理者和下属之间，通过情感纽带，增加彼此的亲密度，那么员工心中的疑虑就自然消除了，从而更愿意把自己各方面的潜能都发挥出来。

6.1.2 讲感情可以拯救一个企业

斯特松公司是美国最老制帽企业之一，这家企业曾经经历了一次深层次的企业危机，最后，是管理者对员工的情感投资发挥了决定性作用。

斯特松公司由于企业股权结构松散，因此没有真正的管理层去负责公司的内部管理，最后导致公司产量低、品质差。

企业的效益受到了影响，员工和管理者的关系也开始紧张。这时，斯特松公司聘用了一位管理顾问——薛尔曼，他来到工厂车间作调查，调查结果显示：员工们对管理层、工会缺乏信任，甚至员工彼此之间也没有信任感；公司内部的沟通渠道失灵，管理层对员工的这种不满几乎一无所知。基层车间负责人对员工态度极为恶劣，经常训讽、辱骂员工，不关心员工的情绪。

通过调查，薛尔曼认清了公司的问题所在，并开始执行一套全面的沟通措施。管理层高度支持，4 个月后，不但员工的心态改变了，也开始展现出了积极的团队精神，生产能力也逐步恢复、提高。

感恩节前夕，薛尔曼和公司的高级主管们亲手赠送火鸡给全体员工，隔天收到员工回赠的像一张报纸那么大的签名谢卡，上面写着：谢谢你们把我们当人看。

美国著名的管理学家托马斯·彼得斯曾说：“你怎么能一边歧视和贬低员工，一边又期待他们去关心质量和不断提高产品品质?”

情感投资，能够激发员工的工作激情，这是管理者的“硬素质”。企业需要的是管理者，在员工层面，他要充当沟通的桥梁，更要充当服务员工的角色，在他们的下属中，甚至是在其他部门的同级人员中，激发热情、热心与积极性。

管理学上有一个著名的“金苹果”理论，其核心就是“激活员工的心”。其采取的措施就是通过情感激活员工的“心”，只有从内部激励其效果才明显，这就是为什么称之为“金苹果”的原因所在。

“金苹果”不像“金手铐”“金降落伞”那样带有“刚性”激励的性质，它完全是一种情感的柔性激励，如图6－1所示。

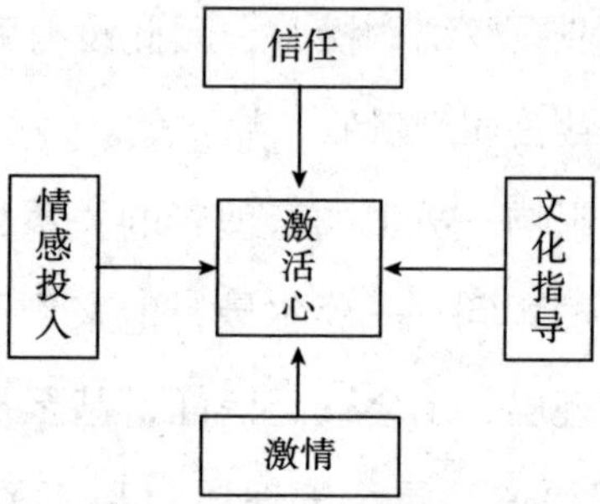

图6－1 情感激活

那么，管理者应该如何将感情融入到管理中呢？需要做到以下几点：

（1）兼具管理和服务。

一些管理者认为，管理者和员工生来就是站在对立面的。这种心态导致了管理者和员工之间存在着一道无形的“心墙”，无法跨越，管理者想要投入感情，拉近和员工之间的距离，便不能放任这种“心墙”存在。

针对“心墙”，管理者可以用实际行动表明，管理者不仅是管理者，更是服务者。服务员工，比如为员工提供工作所需要的信息和工具，并协助他们取得一定的成绩，或者获取相应的知识。当员工意识到管理者的角色转变时，“心墙”也就自动消失了。

（2）做到情真意切，而不是虚情假意。

很多管理者认为，他们在管理过程中做到了有情有义，但是这些情义却不切实际，让员工感觉不到管理者的真情实意。真正聪明的管理者，要做到情真意切。

“如果真的不行了，一定要保住所有的人，一定要让所有的员工都安全”。1994 年，格兰仕厂区遭遇水灾，厂房变成一片汪洋。而格兰仕集团的创始人梁庆德则告诉员工，一定要解救出困在厂房里的所有员工。

在管理队伍的选人标准上，梁庆德坚持把感情当作首要的标准。他认为同一帮人，对企业有没有感情，完全是两种截然不同的工作态度。员工之所以能做到对企业不离不弃，原因就在于管理者时时刻刻把员工放在第一位。

常言道：“恭维不输本，舌头打个滚。”而我们现实中大多看见的是员工赞美管理者，却很少看到管理者赞美员工。如果管理者学着去主动赞赏员工，那么员工的工作热情可以瞬间被点燃。

当然，这种赞扬也不必太刻意。你可以随口一说，例如，员工刚好顺利完成某项任务你可以说：“你的干劲值得大家学习。”或者是员工刚好完成了一项任务，你可以笑容满面地说：“你真厉害，这么做下去，肯定有发展。”

感情不对头，越干越顶牛。因此企业的情感管理首先就要讲感情。企业要办得好，很重要的一个因素是管理者愿意在员工身上投入感情。每一个员工也都期待着管理者的尊重与信任，以及帮助管理者解决各种问题的成就感。

6.2　你就是团队的造梦大师

任何一个团队，如果没有一个共同的梦想，就不知道应该干什么，团队的人心就不能往一个地方想，团队也不可能获得成功。管理者要抓住团队的心，用情感营造团队向上的精神面貌，就要为你的团队“造梦”。好的管理者，需要成为造梦大师，团队有了梦想，就有了明确的终点线，团队成员便会向着终点线冲刺。

6.2.1　梦想可以战胜一切

曾经做过亚洲首富、软银集团 CEO 的孙正义 23 岁时，因为严重的肝病住进了医院。在医院的整整两年中，他阅读了众多的企业前沿书籍，这些书籍让他看到了未来发展的前景。于是，他找了笔和纸，写下了 40 种行业未来的战略规划，他认为，如果将来自己做一个企业，并想让这个企业发展壮大的话，就要从事最新兴、最具发展潜力的行业。

因此出院后，他就决定进军计算机行业，孙正义创立了他的公司，而这时他的员工只有两个。公司开业当天，孙正义站在水果箱上面，跟他的两个员工说：“各位，我叫孙正义，25 年之后，我将成为日本首富，我的公司营业额将超过 100 兆日元。”就是这句看似“痴人说梦”的话，最终被孙正一步步地实现了。2014 年，孙正义靠投资阿里巴巴等新兴企业，获得了 166 亿美元的财富，成为日本首富。

回首当时，孙正义说："人们最初拥有的只是梦想，以及毫无根据的自信，但是所有的一切都从这里开始。"

卡耐基曾说："管理者的企图心是将梦想转化为员工坚定的信念的熔炉，它将集中你所有的力量和资源，带领你到达成功的彼岸。"

梦想有多大，舞台就有多大。管理者的梦想大小影响着员工的成就大小。梦想可以战胜一切困难，梦想可以挑战一切未来。它可以强化信心，可以让团队对自我未来的目标产生坚定感，可以激发团队的无限潜能。

如果说一个企业是一列火车的话，那么管理者就是火车头，企业的发展，取决于火车头的方向。具有远大梦想的管理者往往最受下属的欢迎，这是因为团队依靠梦想，预示着自己未来的前途不可限量，它能产生无穷的感召力和凝聚力，带领团队朝着美好的方向迈进。

一个老板创业，白手起家，能力可能也一般般，但却会有人愿意追随他一起吃苦，根本原因就在于这个老板有干出一番事业的梦想。

另外，很多老板抱怨员工很懒惰，但老板忽略了一个事实：每天早上叫醒员工的不是闹钟，而是心中的梦想。所以，没有懒惰的员工，只是他没有梦想。只要管理者有梦想，并将梦想传递给员工，那么员工的精力就会旺盛。有梦想、有追求的人，不用激励，不用约束，他就会自动自发，并能发挥出最大的潜能。

6.2.2 将梦想传递给每一个人

2013 年 9 月 10 日，阿里巴巴的全体员工收到了马云的一封邮件，马云在邮件中说：

怎样的制度创新才能实现我们的梦想呢？从 2010 年开始，集团开始在管理团队内部试运行"合伙人"制度，每一年选拔新合伙人加入。合伙人，作为公司的运营者，业务的建设者，文化的传承者，同时又是股东，最有可能坚持公司的使命和长期利益，为客户、员工和股东创造长期价值。在过去的3年，我们认真研讨合伙人章程，在前三批28位合伙人选举的过程中，对每一个候选人激烈地争论，对公司重要的决策深入讨论，积累了很多经验。在3年试运行基础上，我们相信阿里巴巴合伙人制度可以正式宣布了。

阿里巴巴合伙人的产生必须基于——在阿里巴巴工作5年以上，具备优秀的领导能力，高度认同公司文化，并且对公司发展有积极性贡献，愿意为公司文化和使命传承竭尽全力。

我们相信只有一个热爱公司、使命驱动、坚持捍卫阿里巴巴文化的群体，才能够抗拒外部各种竞争和追求短期利益的压力。有别于绝大部分现行的合伙人制度，我们建立的不是一个利益集团，更不是为了更好地控制这家公司的权力机构，而是企业内在动力机制。这个机制将传承我们的使命、愿景和价值观，确保阿里巴巴创新不断，组织更加完善，在未来的市场中更加灵活，更有竞争力。这个机制能让我们更有能力和信心去创建我们理想中的未来。同时，我们也希望阿里巴巴合伙人制度能在公开、透明的基础上，弥补目前资本市场短期逐利趋势对企业长远发展的干扰，给所有股东更好的长期回报。

各位阿里人，我们不一定会关心谁去控制这家公司，但我们关心控制这家公司的人，必须是坚守和传承阿里巴巴使命文化的合伙人。我们不在乎在哪里上市，但我们在乎上市的地方必须支持这种开放、创新，承担责任和推崇长期发展的文化。

优秀的管理者必须要为自己的团队建立梦想，并让团队的每一个人为梦想而奉献。马云和他的老团队在思考企业未来方向时不约而同地认为，要组建一支新的“梦之队”，这对阿里巴巴来讲是“百年大计”。就像创业时的马云一样，他要为这个“梦之队”做出明确定位，设定梦想，让团队中每个人知道为什么而做，如何做。

优秀的管理者常常把梦想传递给团队的每一位成员，团队的每一个成员也会将这个梦想转化为个人努力的方向。而这种梦想一旦被转化为个人努力的方向，就会对团队成员产生长久的激励，使其积极努力，迸发出无限的创造力。

世界顶级管理大师沃伦·本尼斯说：“创造一个令员工追求的远大前程和梦想，将它转化为大家的行动，并完成或达到所追求的前景和目标。”那么，管理者应该如何成为团队的“造梦大师”呢？如图 6－2 所示。

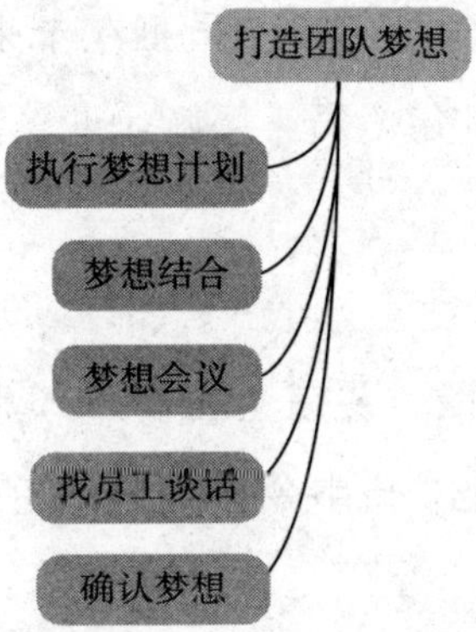

图 6－2　打造团队梦想

（1）确认梦想。

很多企业家一谈到梦想，可能会滔滔不绝地说个不停，既无逻辑也无顺序。所以，管理者要谈理想，必须合理并逻辑性强，你要写下自己的梦想清单，并用简单明了的语言来概括每一个梦想。在罗列梦想清单的过程中，企业家还要具备一定的预见能力。预见能力决定企业家成就的大小：预见 10 年以上是非凡型的企业家；预见 5 年以上是卓越型的企业家；预见 1 年以上是优秀型企业家；预见当年市场走势的是合格型企业家。

（2）找员工谈话。

每天花 30 分钟的时间，找到你的核心团队成员，根据梦想清单向员工传递梦想，核心团队再找具体的每一个管理层、员工聊聊你的梦想，真诚地让每一位员工都对未来充满信心。

（3）梦想会议。

把你的团队召集在一起，开一个梦想会议——解释梦想会议是什么，作用是什么，有什么效果。如果你担心员工领会错了，就在召开梦想会议之前让你团队里所有的成员读懂为什么要帮助他们完成梦想。

（4）梦想结合。

利用年终考核的契机，让员工介绍自己的梦想是什么。找出管理者梦想与员工梦想的契合点，鼓励每一位员工在未来的一年中实现自己的梦想。同时，利用这个机会让每位员工了解企业、部门、团队和某个项目勾画的梦想。

（5）执行梦想计划。

梦想不执行就等于空谈。要在企业中正式启动梦想计划，可以先试行，再逐渐完善，重要的是今日事今日毕，不能让梦想过夜，这样很快就能见到成效。

不懂造梦，你就是执行者，为非管理者，就很难担负起引领企业发展的重任。只有学会给团队造梦，并鼓励他们为梦想而努力，我们才能真正打造一支强有力的团队，并成为这支团队的领队。

6. 3　动感情才能留人才

用感情留住人的心，才能让企业留住人才。因此，情感投资是留人才的关键。如果企业家不能设身处地多为人才排忧解难，体察他们的情绪，关心他们的苦乐，那么人才便无法安心工作、愉快生活、贡献自己的聪明才智。

6. 3. 1　懂得重用人才，礼敬人才

闫大鹏早年在美国从事研发制造光纤激光器，而我国的激光器研究一直处在试验阶段，主要依赖进口。有一次，闫大鹏听说自己研发的光纤激光器竟然被高价卖回国内，深有感触。他想到，“我是炎黄子孙，为什么不凭借自己的技术回国发展呢?”

2006 年，闫大鹏随海外高端人才代表团到武汉参加“华创会”，抱着试试看的心态来寻找合作伙伴。

当时，国内激光业的龙头企业华工科技也在寻求研发光纤激光器的人才。得知闫大鹏是这方面的专家，而且人就在武汉，华工科技董事长马新强非常重视，当时他还在外地出差，他立即回到武汉，可这时的闫大鹏已经坐飞机去了上海，于是马新强又追着闫大鹏的脚步，飞到了上海。双方见面后，经过一夜长谈，闫大鹏被马新强的真诚打动，当即拍板，要与华工科技展开合作。

第二年，华工科技便投入巨资入股，双方合作成立了武汉锐科光纤激光器技术有限公司。短短几年，锐科激光成为国内第一、全球第三的光纤激光器供应商，闫大鹏也从一名埋头搞科研的学者，华丽转身为资产过亿的老总，成为激光行业的领军人物，华工科技也因此获得了丰厚的利润回报。

很多企业，常常要面对“怎样留住人才”的问题，但大多数企业采取的都是加薪留人、事业留人等措施。然而，事实证明这些举措，不能根本上扭转企业人才流失的局面。每个管理者都应该知道，只有长期留住人才，使队伍保持稳定，企业发展才有保障。

实际上，加薪升值也好，事业捆绑也罢，企业之所以还是难以长久留住人才，关键是由于这两种措施都是企业对员工进行“金钱投资”，而非真正的“情感投资”。“金钱投资”当然必不可少，然而，作为有血有肉的人，情感需求是本性使然。尤其是管理者要反省自己，平时对员工的关爱、尊重、体谅够不够？这些情感上的需求，远远大于金钱和物质上的需求。

如果管理者给予了大量的“金钱投资”，但在“关爱、尊重、体谅等情感需求”方面没有过多投入，那么即便给得再多，人才也难以心安。人才还是选择离开，这说明他还在重新寻找适合自己发展的舞台，而不是适合自己的薪资待遇。条件允许了，人才跳槽就是板上钉钉的事。

管理者若想真正留住人才，让人才忠于企业，就要在“金钱投资”“情感投资”共同发力。以钱留人留一时，以情留人才长久。因为人对情感上的需求是永恒的。

总之，物质激励在用人中占有很重要的作用，但如果仅仅以钱去衡量人才，那未免忽略了人才资源和人力资源的最大区别，因为人都是有感情的，不仅要满足一定的物质需要，也要满足一定的情感需要。

6. 3. 2 如何用情感留住人才

都说中国是人情社会，但实际上中国的企业在情感投资方面，是远远落后于外国企业的。我们看下世界知名企业，都是潜移默化地留住人才的，实际上这与沟通的方式也有很大的联系，因为我们很难忽略一个“情”字，下面我们来看几个例子。

微软公司有一位员工想拥有更多的假期，就利用微软“内部电子邮件系统”直接向微软现任总裁谢利提出建议：既然我们的公司一直处在稳定发展之中，为什么员工不能拥有更多的休假？为什么不能把假日累积到一起，让大家都有连续的假期可放。这一建议后来得到了公司的采纳。

美国西南航空公司为了留住人才，用独树一帜的“最佳雇主品牌形象”吸引和留住了符合企业文化的人才。“最佳雇主品牌形象”是公司对员工做出的一种价值承诺：在 2000 年，美国西南航空公司的每一位员工都收到了一份包括保健、财务保障、学习与发展、变革、旅行、联络、工作与休闲、娱乐八项自由的“个人飞行计划”，该计划将“最佳雇主品牌形象”通过警句的形式传达给广大员工：“西南航空，自由从我开始”。

德国大众汽车公司实行“时间有价证券”来留住人才。员工利用“时间有价证券”可以灵活地进行消费，还可以利用“时间有价证券”提高自己的养老保险待遇，也可以将“时间有价证券”增值的资金转换成时间，用来享受假期。

丰田公司相信“员工总是忠诚于自己的企业”，为了表明公司与员工是天然不可分割的命运共同体，丰田公司向员工提供了“没有许诺的终生雇佣”。丰田的团队成员手册中就写到：“终身雇佣是我们的目标－－你和公司共同努力以确保丰田成功的结果。我们相信工作保障是激励员工积极工作的关键。”

用好感情，留住人才，企业需做好以下两个方面：

（1）关注人才的自身因素。

在义乌这个小商品制造基地，企业雇佣的绝大部分都是外地员工。因此，员工干了一年就辞职回老家的现象非常普遍，为了留住这些外来员工，义乌的制造企业已经连续好几年雇用豪华大巴送员工回家过节。节后，又用大巴把这些老员工接回厂里上班。此外，企业还负责给员工包车、订车票、安排年夜饭等，一些企业在职工公寓设多套家属探亲房，把不回老家的员工们的远在家乡的父母和孩子接来过年。如此做法，不仅能让父母感受子女的工作和生活，还为他们解决了探亲住宿这个大难题。

人才在选择企业时，除了薪资、职位外，家庭也是非常重要的考虑因素。调查发现，类似于配偶的工作、孩子的入学、空气质量，都是人才考虑的因素。人才看中的都是自身的工作能否提供满意的家庭生活条件。

因此，管理者应该关注人才自身的需求和企业的需求是否吻合，如果存在差异，就必须想办法解决。很多研究发现，留住人才已经不像以往那样仅仅只关注个人职业成长及生活因素，了解员工的阶段性目标以及家庭因素正成为企业留人须考量的重要因素。

（2）建立与人才的友谊。

有调查显示，如果管理者与人才成为好的朋友，那么人才对工作就会比较满意，效率也会更高。而根据盖洛普对工作满意度的调查，在最重要的 12 个满意条件中，有一项是员工说的“我同事中有我最好的朋友”。

中国人的工作时间正在逐年增长，也就是说，管理者有越来越多的时间来接触员工。管理者若是和人才建立了深厚的友谊，那么人才工作就会更加舒心。为了制造机会，除了私下沟通外，管理者还需要开展各种活动，增进与员工的友谊。很多公司还鼓励员工推荐自己的朋友来填补公司的职位空缺。

人们往往不会珍惜不劳而获的结果。而感情的付出却常常让人们更为珍惜。但不是所有老板都愿意对员工动“真感情”。很多老板每天对员工笑口常开，但却从不关心员工。而有些老板看似严肃，却面冷心热，是员工眼中的好老板。因此，要留住人才，就要在乎员工的真实感受，做到体贴和周到。

6.4 做员工心目中的“自己人”

很多管理者认为，过度和员工讲感情，会让他们产生依赖心理，对工作不积极，也容易骄纵他们。但实际上，如果管理者成为了员工心中的“自己人”，那么即使遇到再大的挑战，员工也会选择站在“自己人”身边，和管理者坚定地站在一起。

6.4.1 海底捞：把员工当亲人般对待

一个香港餐饮业巨头看中海底捞员工的勤奋和敬业，千里迢迢来到北京，想挖走北京海底捞的一个店长，这位香港人说话直截了当，对看中的那位店长表示：薪酬多少，你开个价吧。

但是那位店长却还是拒绝了，香港人虽然很吃惊，但最后还是放弃了。因此很多人说：不要想能挖海底捞的人，因为你挖不动。

海底捞老总张勇在进行内部管理时，把每一位员工都当成亲人。他曾说：“海底捞是个不折不扣的家族企业，没错，每一位员工都是我们的家人。”

在海底捞，有个不成文的规定，但却一直执行着，那就是如果在海底捞做店长一年以上的员工，如果想跳槽，无论是何原因，海底捞都会支付8万元，因为海底捞的多数店长都是二十几岁的小姑娘，海底捞把这笔钱形象地称为“嫁妆”。即使是被竞争对手挖走，海底捞也照样会支付8万元。很多人纳闷这是为什么？

张勇的回答是："由于海底捞工作量大，能在海底捞做到店长的，肯定是对海底捞做出过相当大的贡献，并且付出了很多辛苦和汗水的。我们有的员工一年 365 天，没休过一天假，越到节假日，海底捞就越忙。有很多店长，就因为长期高强度工作，累出一大堆职业病，体力和精力透支太大；人的体力和精力毕竟是有限的，随着时间的增长在逐渐削弱。因此，如果有人因为想追求轻松一点的工作，同时又有比海底捞好的待遇，那么我们没有理由埋怨员工不忠诚，因为这是人之常情。"

还有一个典型的例子，能说明海底捞这个"家族企业"为什么能够快速崛起。一个从山村里来的姑娘，高中都没毕业，平时连黄喉和毛肚都分不清，而如今却当上了海底捞的经理。为什么一个人在短短几年内会如有此潜力被激发出来？就是因为这位经理觉得老板人好，和自己的亲人一样。

她刚来时，张勇经常带新员工们去公园里照相，划船；过年带大家一起去歌厅唱歌，吃年夜饭，甚至还跟他们一起喝酒划拳，这让她感觉不到自己是在为张勇打工。平时，张勇的太太也经常买来一些好吃的给大家分着吃。

让这位经理印象最深的就是一次在她生病时，住在县医院，张勇亲自来看她，还给她留下了钱，嘱咐她好好养病，多买一些有营养的东西吃。还有一次，她的母亲过生日，张勇的太太还亲自去这位经理家送了红包。

把员工当亲人般地对待，是海底捞管理中非常成功的一环，海底捞的员工之所以能够提供优质的服务，是因为员工们从企业管理者那里得到了温暖和安慰，得到了超越雇佣关系的尊重。

一位管理学教授曾经说过，员工是用来爱的，而管理的对象不是员工，而是组织和绩效。

与我们想象中的不同，大多数人都是具有自我管理能力的，企业中能够为管理者创造业绩的员工，都会进行自我管理。海底捞对于员工的体贴一部分体现于海底捞的待遇。

海底捞的工作很累，但是服务员却是不折不扣的高收入人群。海底捞的工作服是名牌运动衣，服务员脚上穿的鞋的质量就更好了，而这一切都让海底捞的员工有着满足感。

餐饮服务行业的人员流动性大，但海底捞却保持着“三年离职人数不过百”的记录。这样的景象在其他企业却是很少见的。人员长期稳定的根本原因之一就是张勇对员工的重视程度远超过其他任何一个餐饮业同行。

细节决定成败，对于服务业来说更是如此，在海底捞，员工之间不会互相推诿，而正是海底捞的员工对企业有了相当的满意度，才有了这样的服务意识，并造就了海底捞今天的成功。也正是有了良好的精神，海底捞才能将每一个分店都复制创业之初的模式。

追求顾客满意度的前提，是追求员工满意度，这是海底捞的独创。海底捞对分店的考核只有两项，顾客满意度和员工满意度。因为在张勇的理念中，服务是一个价值链，内部价值链部分就是员工满意度，外部价值链就是顾客满意度，只有让员工满意了，利润才有保障，如图 6－3 所示。

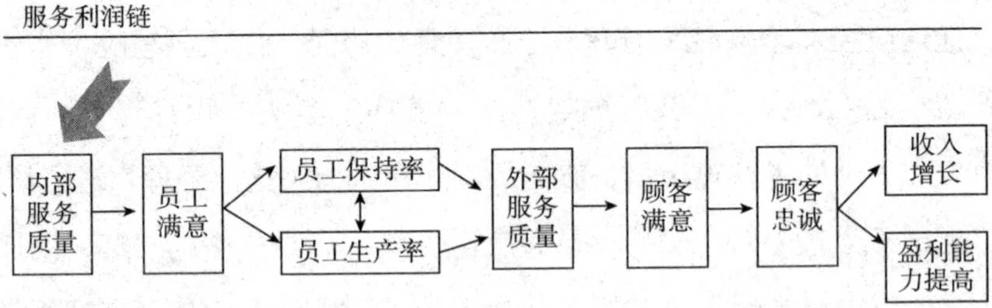

图 6－3　服务利润链

在海底捞看来，考核店长的不应该是利润，因为如果能做到顾客满意度和员工满意度“双高”的前提下，利润就与市场大环境等因素有所关联了，而这些因素，是店长无法控制的。这几乎是逆企业管理潮流而动，谁不把业绩考核放在第一位？然而海底捞却以“两个满意度”作为考核前提。

6.4.2 如何创造企业“大家庭”

面对激烈的市场竞争，如何让员工在企业中发挥出最大的价值，在企业中找到真正的归属感？员工和老板在面对一点小利益时，难道就真的只能看劳动合同，甚至对簿公堂吗？企业到底是采用命令式管理，还是采取亲人化的关怀更加有效？这些问题的答案，都在于一个词：凝聚力。家庭，往往是最具有凝聚力的。而对企业来讲，凝聚力的大小决定着员工的士气和精神状态。为了提高自身企业凝聚力，培养真正为企业切身考虑的“家人”，管理者就要极大促进感情和工作忠诚度。于是，企业“大家庭”的概念应运而生。

视频 16 每个管理者都拥有老板心态，企业才会成功

扫描下方二维码观看视频，告诉你管理者应该具有怎样的心态。

企业大家庭能够使员工团结一心，互相信任，努力工作，形成向心力。在市场经济环境竞争激烈的今天，如何建立大家庭的企业文化是企业工作顺利开展的首要前提，如图 6－4 所示。

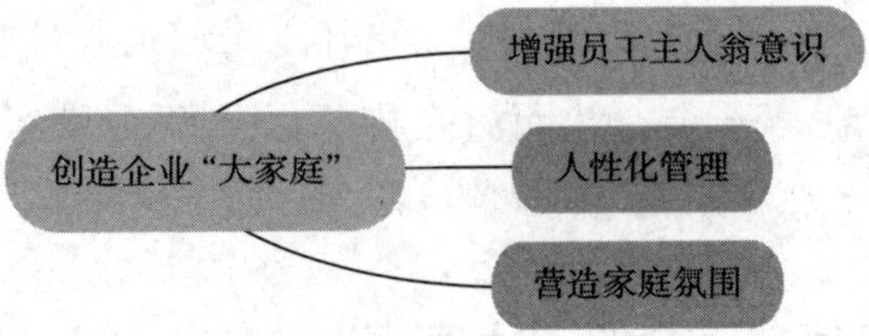

图 6－4　创造企业大家庭

（1）增强员工主人翁意识。

企业要安生立命，员工是根本。企业的成功不能没有管理者的决策，更不能缺少管理者和员工的共同努力。领导者要想发展企业，壮大企业，就应该听取员工的意见和建议。同时，采用完善成熟的激励政策，鼓励员工公平竞争及自我评估，从而使他们感受到主人翁意识，增强工作效率。

（2）人性化管理。

你能成就多少人，你就有多少成就。管理者在为自身利益考虑的同时，应当充分关注员工的个人发展，实现双赢。不管是企业的竞争对手还是企业员工，抱团取暖的共赢趋势成为时代的主流，在内部员工方面尤为突出。管理者在企业管理方面需更加充分地注意人性要素，挖掘员工的潜在能力，以尊重为前提建立企业与员工双赢战略。

（3）营造家庭氛围。

家味浓，家庭和。把企业建成“家”一般的温馨港湾，在员工与员工之间，营造相互信任、彼此关爱、和睦相处、其乐融融的亲人式关系。

惠普创始人比尔·休利特曾说：惠普的成功主要归功于“一切为了人”的宗旨，惠普从深处信任每一位员工，也相信他们最终都会有所建树，“我始终认为，只要给员工提供适当的环境，他们就一定能做得更好”。激励员工，不仅要让员工成为企业的合作者，还要视员工为亲人，让员工不仅有自主感，还有家的温暖感。总是用尊严和尊敬来对待员工，就像你自己期望和想要被对待的方式一样。

6.5 讲规矩，又要懂人情

管理者对员工，既要讲规矩，也要有人情味。没有规矩，企业就不能良性发展。然而缺失了人情味的规矩，到头来就成为冷冰冰的枷锁，绑得人透不过气来。那么如何在讲规矩和人情味上达到平衡，对于管理者来说，是一门不简单的功课。

6.5.1 规矩是车轮，人情是润滑剂

佛祖释迦牟尼最初创建了第一个佛教团队。有一次，这个团队跟随释迦牟尼来到一个村子传教，当释迦牟尼走上村里的台阶准备演讲时，这个村子的男女老少都簇拥过来听他演讲，其中就包括村长一家。村长家族里有一个孩子，叫须提那，这个人刚刚结婚，听完释迦牟尼的演讲之后，就迷上了佛教，于是他找到了释迦牟尼，要求加入这个团队。释迦牟尼当然非常高兴，但是，他对须提那说，要加入我们这个团队，要满足三个条件：第一，如果你的父母健在，你就必须征得他们的同意，如果你已经完婚了，你就要征得你妻子的同意。第二，你的身体要健康，不能有任何疾病。第三，从今天开始，你要严格遵守佛家的戒律。

须提那满口答应下来，结果回去以后，父母听说自己的儿子要跟着释迦牟尼出家，扔下父母和妻子，当然不同意了，而妻子听到这个消息，立即放声大哭。哪知道须提那坚持一定要出家，父母和妻子不同意，他就以

绝食抗议。几天后，须提那在床上饿得奄奄一息，家人们无法劝阻他，他也不能说服家人们，就连从小一起长大的好朋友、好伙伴的话，他也听不进去。这种情况下，好朋友们的态度改变了，他们不再为须提那的父母来劝他，反而是去劝他的家人说，还是让他走吧，即使你们能留住他的人，也留不住他的心，至少现在先要救他的命啊。

最后，他的父母决定，须提那可以出家，但唯一的儿子没了，今后老父老母和儿媳妇不能没人照顾，所以必须把他们家的香火传下去，因此须提那必须和妻子有了孩子以后才能出家。可是释迦牟尼的第三个条件，却是要严守佛家戒律，和妻子同房等于是破了色戒。看着年迈的父母和哭泣的妻子，须提那同意了。

几个月之后，妻子怀孕了。须提那找到释迦牟尼对他说，师傅，我的父母和妻子都同意我追随您，我的身体也很健康，但是，我却破了色戒……当他把事情的原原本本讲给释迦牟尼听后，释迦牟尼并没有因为他破了戒，就不认他为自己的弟子。但是释迦牟尼并没有让他跟随在自己身边，而是让他在家乡传播自己的思想。

这是一个非常典型的案例。很多管理者，都曾经遇到过这种“情与法”的两难。如何在二者之间平衡，就考验着管理者的管理智慧。

管理是一种日常行为，无论是规矩还是人情，都要在平时不断地渗透。定好规矩，就要不断地向员工灌输、培训。

在平时工作时，也要适时地提醒，如果真的犯了错，那么就要面对结果。同时，又要原谅员工的错误，不要“新账老账一块算”，这样员工心里就是热的。管理时一方面要不断地用规章制度来要求，另一方面要用宽容去提高员工对企业的归属感。规矩是车轮，人情是润滑剂，两者兼备，企业才能正常行驶。管理者如果不注意与员工心理情感的培养，只会用规矩冷冷地对待员工，就很容易挫伤员工的心理，使他产生离开的念头。

管理者要善于照顾员工的面子，给足员工机会，这就需要注意以下两点：

（1）尽量不要公开严厉批评员工。

一些管理者愿意在公开场合和会议上数落某个员工，认为公开批评对其他员工会起到警示的作用，让员工不要再犯犯过的错。但是这种做法是非常欠妥的，公开批评员工，员工的面子往哪里放？实际上，错误有很多种，很多都是无心之过，并不适合公开提出来，更不适合公开批评，杀鸡儆猴。

（2）给员工舞台，让员工表现。

一位法国的传教士曾写过这样一段话：一个制作钟表的工匠如果没有一个密不透风的房屋，要想制造出零件如此多的钟表，几乎是不可能的。

金字塔这么大的工程，建造得却如此精细，建造者一定是一批怀有虔诚之心的自由人。很难以想象，一群有被束缚的奴隶，能让金字塔连一个刀片都插不进去。

管理者一定要给自己的团队表现的机会，不要因为怕犯错或者犯了错就不再给员工机会了。机会的多少，是和错误的大小成反比的。犯的错误小，改正的机会就越多，员工才会在犯错之后感到温暖，而不是挫败，才会从内心里承认自己的错误，建立起正确的态度去改正。否则，心不甘情不愿，就算不再犯错，也会在心理上与公司形成对立，在工作上就会懈怠，甚至影响团队和谐。

6.5.2 做讲规矩且兼具人情味的管理者

著名管理学家曾仕强曾说，孙子提出“四治”：一个叫治心，治理员工的心；一个叫治力，治理员工的力量；第三个叫治变，怎样让员工自动地变；最后是治气，怎样把士气诱导到最有利的方面去。治是什么？就是活用，利用自己拥有的优点和优势，把对方引导到我所希望的那个方向，我所要求的那一个地方，发挥我所希望他们的意志，这样就叫治。

所谓治心就是关怀导向，而不是工作导向，关怀导向就是关心至上，你要养成习惯，看到你的部属第一句话不要谈工作，否则部属看了你就想躲。中国人带员工是带心，带到他对你交心，一个对你交心的人是全力以赴的。这就很容易产生向心，向心以后才可以同心，同心以后才能够一心。

很多管理者用规矩把员工管得唯唯诺诺，也磨灭了员工的创造力，那么，如何才能做个既讲究规矩又有人情味儿的管理者呢?

（1）定位——平等。

管理者和员工只有职位的大小，却没有贵贱之分。规矩面前，人人平等，不能厚此薄彼。而在讲规矩的同时，管理者要对员工多理解、少疑惑，多尊重、少埋怨，做一名有人情味儿的领导人。

（2）前提——人情味是管理的手段，不是目的。

管理体现人情味儿是为了让规矩更好地运行下去，使团队更好地完成目标，而不是为了破坏规矩，更不是让规矩让路。要让你的规矩有说服力，管理者就要提高自身的修养，丰富自身的情感，通过以身作则，以责任感和执行力与团队共同努力。

（3）环境——让笑声装点你的办公室。

办公室不是学生的课堂，很多单位禁止上班吃东西，甚至禁止员工聊天，这是非常没有人情味儿的规定。实际上很多研究证明，效率高的工作场所，每个小时至少都会传出 10 分钟的笑声。所以，不要责备员工的笑声，只要适度，就证明办公室的人际关系是和谐的。

（4）日常——给紧张的生活加点糖。

任何一份工作做久了，都会疲倦，而在紧张的工作中，给员工一些意外的惊喜，送些小礼物，甚至讲一个幽默的笑话，都非常容易让员工解脱出来。一个微笑，几句鼓励，可以让员工真实地感觉到管理者的关心、理解和支持，这样的工作一定是正能量满满。

在一个讲规矩、懂人情的企业中，团队和个人的情感需求是能够得到满足的，人情作为较高的需求得到满足后，就会促使着员工积极主动地发挥自己的才能，充分利用企业为自己提供个人成长的机会，实现自我价值，同时推动企业发展。

6.6　给落后者关怀，让不安者放心

团队由员工组成，因此员工是企业最大的财富。如果团队出现了落后者，或团队中有了不安情绪，那么管理者一定要加以关怀和帮助，及时化解不安情绪。只要时时处处为员工着想，落后的就能迎头赶上，片刻的不安也会随风而逝。所以，用情感关怀和帮助员工，不能够只是偶尔的嘘寒问暖、小恩小惠，而应该在员工困难时及时帮助，在员工不安时提供慰藉。

6.6.1　给予员工关怀和帮助

在对员工关怀方面，我们有时要学习那些改革开放前的老师傅。那时候收入低、环境差，但是人们依然非常有干劲儿，为什么？因为在工厂里，就有很多老师傅无私而又充满关怀的照顾。

曾经有一个车间主任，是老工人了，他经常使一些后进职工成为先进者。有一次，班组重新调整，一名青年工人因为工作效率低而成了各班组推卸的包袱。原因是他入厂 450 天，旷工 137 天。老主任主动接收了这位小青年。虽然老主任抓得很紧，也想了许多办法，但小青年还是旷工。一天，老主任外出开会刚回厂，就见这位小青年没精打采地躺在床上。一摸他的脸，感到很烫手，便马上把他背到医院检查，全组的同伴也一块去看望他。当大家把水果和香喷喷的热面条送到小青年面前时，他感动地握

着同伴们的手，泣不成声地说："我真对不起主任和大伙的这一片心哪。"他病愈就上班了，而这一天，是他自入厂以来第一次出色地完成了任务，提高效率 50%。从此，这位小青年不仅遵守纪律，而且出满勤、干满点，成了小组的生产骨干。

在这个小组还有位青年工人因盗窃劳教 3 年。回厂后，该小组要求领导把他调来，大家四处奔波，为他找住房，利用休息时间帮他家拉煤，为他申请了困难补助。他体质较弱，大家就帮他干一半的活，一干就是 3 个多月。大伙儿的一片真情，终于温暖了他的心，在一次小组会上他激动地说："以后我一定干出个样子给大伙儿看看。"从此，他和全组同志一起追求上进，成了一名生产上的虎将，并且连续两年被评为先进生产者。

这就是关怀的力量。

很多管理者往往只会关心那些在工作中才华横溢、有突出成就的人，经常表扬、提拔他们。而很少注意这些能力低、成绩差的人。但是，在一个团队里，才能出众的毕竟只是少数，而才能平庸和低下的人则是多数。如果扔下这些"短板"不管，整个团队素质就很难得到提升，也就不能指望团队成员对你的拥护。所以，管理者要给落后者一些关怀和帮助。这样，既能更好地完成工作，又能得到他们的支持。

那么，在实际管理中，管理者如何帮助团队中的落后者呢？如图 6－5 所示。

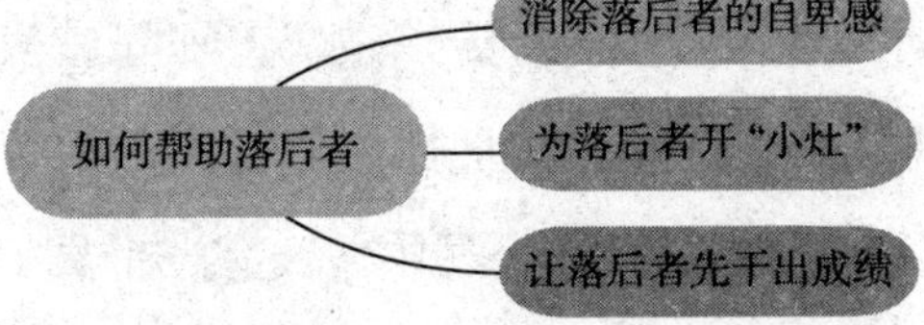

图 6－5 团队互帮

（1）消除落后者的自卑感。

人有了自卑感后，即使有能力也难以发挥出来。其实，除了少数能力特别突出的人以外，其余人的能力相差并不大。如果能让他们增加信心，消除自卑感，他们甚至可以取得与能力强的人一样的成果。所以，领导要关心这些人，多与他们进行交流，列举他们的优点和成绩，证明他们并不比别人差，也一样可以干得很出色，从而激发他们的上进心和自信心。

（2）为落后者开“小灶”。

对这些员工，需要比对别人多花一点精力。在给这些人布置工作时要更明确，交代具体一些，不仅要交代任务，而且还要教途径、教方法。在其完成任务的过程中，要加强指导，帮助他们克服困难，清除障碍，使之不断增加经验，满怀信心地发挥自己的才干。

（3）让落后者先干出成绩。

安排工作时，先找一些相对比较容易的工作让他们于，完成得好，出了成绩，哪怕是小小的成绩，你要立即表扬鼓励，让他们从自己的成功中看到希望，增强信心。随着其能力的不断提高，对他们的要求也应该不断提高。相信过不了多久，他们的能力就会有很大的提升。

6.6.2 懂得安抚员工的不安

2008 年金融危机后，美国的每一个企业都笼罩在一层不祥的灰色中，往日人声鼎沸的华尔街证券交易所变得空无一人。低沉沉的报价声回荡在寂静的大厅里，显得分外恐怖。不断传来破产者阵阵痛苦的呻吟，金融海啸所带来的失业、危机、失落感无情地抓住了每个人的心。但是，经济萧条却没有抓住 IBM 人的心，在 IBM 公司中，没有一个员工被解雇，失业与 IBM 员工无缘。在这场金融危机中，美国国内失业人数高达千万，而在全球拥有 40 多万名员工的 IBM 公司，机器照样运转，员工照样上班，一切与经济兴旺时期没有两样。这样既稳定了人心，又抚慰了人心，企业自然形成了一种强大的凝聚力和战斗力，所有员工无形中产生一种“士为知己者死”的决心，这种精神是一个企业立足于世界的首要条件和最大财富。

但是，效益减少了，企业不裁员，其人力成本压力可想而知。有的人向 IBM 总裁建议，可不可以让即将退休的人提前一到两年退休？这无形中就省下了很多资金，但被 IBM 总裁断然拒绝了：“这是在变相解雇。不要把员工当傻瓜，这个消息一旦传了出去。整个公司都会陷入不安。”不但如此，IBM 总裁还说：“我们今年还要组织多场年会，把那些退休的老员工请回来，让他讲述公司的历史，全体员工都要参加。”消息一传开，IBM 公司的员工可算松了一口气，看来公司并没有在危机中受到多大影响，不然老板怎么还有心思开年会？员工心安了，工作也就更卖力了，只要跨进 IBM 公司，一生就有了保障，没有任何解雇、失业之类的后顾之忧。于是，大家心底都在暗暗地说，“把我的一生奉献给 IBM，为 IBM 公司的成功而努力工作”。

作为管理者，如何在特殊情况下处理员工的不安情绪？首先应该在第一时间告诉员工结果，不要遮遮掩掩。在企业出现困难时，无论是哪一种决定，管理者都要第一时间站出来告诉员工自己的处理意见，不要让谣言在企业内部满天飞，不要让不安情绪弥漫到每一位公司员工。例如，要明确告诉员工，公司裁不裁员，减不减薪。员工的安定感增强了，情绪自然会稳定。

此外，在安抚员工的不安情绪上，有时候也可以通过一些小的行为来传递一种信息。比如，某公司之前对员工使用卷纸是没有任何限制的，但金融危机发生后，公司要求员工节约，不要浪费卷纸。这么一个小小的规定，传递了一种“共度时艰”的信号。

另一方面，越是困难的时刻，越要懂得激励。这是在告诉员工，经济危机来了，但公司最在意的还是员工，重视员工。员工对公司的忠诚度和黏合度都会因此而提高。

文武之道，一张一弛，企业的经营管理也是如此。要想让员工在激烈的竞争中保持活力，必须让员工放松，释放压力，因为只有放下包袱，才能轻装上阵。简言之，关怀和帮助员工，并及时疏导员工不安的情绪，营造一种团结的工作氛围，建立起成熟的情感管理机制，需要管理者的不懈努力。

6.7 老板有温度，员工有力度

企业希望得到员工的忠诚，但很多管理者却只注重企业和员工之间的经理联系，而不注重情感连结。这让员工见识到了管理者的“冷酷”。老板有温度，员工有力度。管理者要建立员工与企业的情感连结，才能使员工为企业忠实工作。

6.7.1 有温度的老板永远受到爱戴

德邦快递是全球知名的物流公司。德邦快递的老板对效率要求非常高。一开始带领团队时，他要求下属紧跟他的步调，但是员工的工作能力良莠不齐。他高标准、高强度的管理风格让团队每天在高压下工作，很多人选择偷懒，又有很多人选择离去，还有一部分人通过敷衍来应付工作。

在经过充分地调研后，德邦快递转换了管理风格（如图6－6所示），从此广受员工的好评。

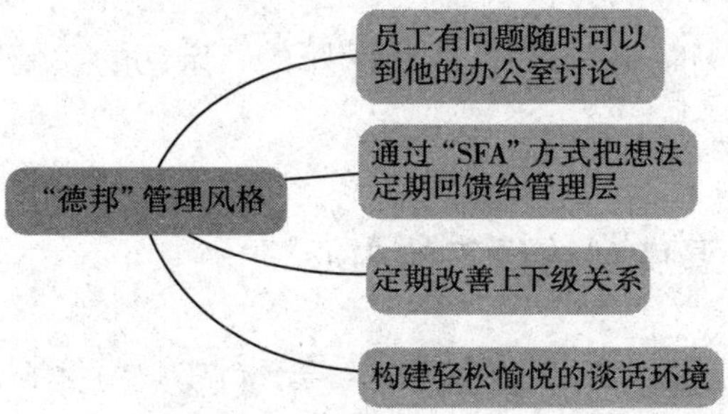

图6－6 “德邦”管理风格

（1）员工有问题随时可以到老板的办公室讨论。办公室大门向所有员工敞开。

（2）通过 SFA 方式（Survey 调查、Feedback 回馈、Action 行动），让员工把对工作的想法定期回馈给管理层。

（3）每个季度的管理层会议前，老板会请人搜集公司里的相关故事，比如某个主管聆听下属的意见后，给双方关系和工作都带来了改善，然后把这样的故事拍成影片在会议上播放。

（4）管理层不再严肃地和员工讨论问题，谈话尽量避免在办公区，而是在公司餐厅、咖啡店等气氛轻松的地方，管理者自身也越来越多地参与到员工组织的活动中。

德邦后来总结道：快并不等于效率。有些事情要分清轻重缓急，不能每个人、每件事都要求高速度运行。在管理方面，老板要有温度，才能达到互动的效果。

美国学者罗莎琳德·杰弗里斯说："如果员工认为公司真的关心他们，并且体现在日常工作中，那么员工就会乐于接受有益于公司发展的一切方案。所有的成员都是和睦的，他们将更加热爱企业，更加乐意为企业效劳。"

在一个企业里，老板经常为员工端茶倒水，这看似是不可思议的，但是松下幸之助做到了。为员工端茶倒水体现着管理者的热心和诚心，管理者要对下属充满热情，以情感人，用深厚的、亲切的"情"与员工进行情感交流，最终得到员工的理解和支持。

6.7.2 让温度到达员工的内心

有温度的管理者，在日常工作的一言一行中，就会将温度传递给自己的员工，其特质如图 6－7 所示。

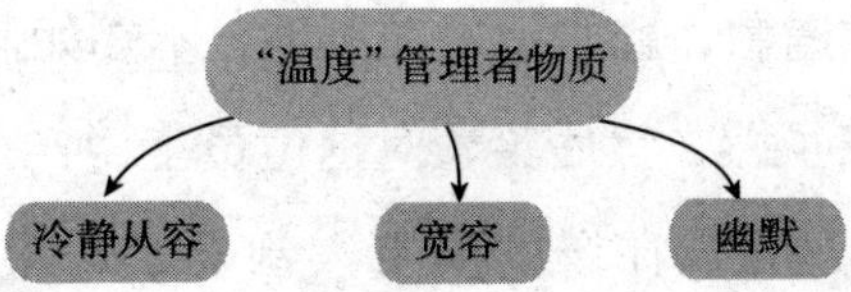

图 6－7 “温度”管理者特质

（1）冷静从容。

曾国藩：“凡遇事须安详和缓以处之，若一慌忙，便恐有错。盖天下何事不从忙中错了。故从容安详，为处事第一法”。

《孙子兵法》中写道：“主不可怒而兴师。”意思是管理者在事情面前要冷静从容，不能情绪失控。因为情绪失控容易让管理者做出错误的决策。而管理者愤怒慌乱的神情，会极大地影响到整个团队，如此一来根基就会动摇。遇到难题的时候，如果领导者能够保持冷静从容的态度，才能让员工从内心中产生崇敬之感。

（2）宽容。

任正非曾说：“宽容是领导者的成功之道。任何工作无非是同物和人打交道。一旦同人打交道，宽容的重要性就会立即显示出来。人与人的差异是客观存在的，所谓宽容，本质就是容忍人与人之间的差异。不同性格、不同特长、不同偏好的人能否凝聚在组织目标和愿景的旗帜下，靠的就是管理者的宽容。”

很多管理者在管理中缺乏容人之量，还有的表面上和颜悦色，但却喜欢“秋后算账”，这会让员工每天都战战兢兢，如何能和老板拉近距离呢？

人非草木，孰能无过。管理者以势压人，最多只能让员工表面顺从，只有宽容待人才能笼络人心。管理者要注重内在的修养，宽容豁达，能够设身处地地为他人着想，才能得到员工们的尊敬和信赖。

（3）幽默。

一位员工向老板敬酒，不小心把酒全倒在一位秃头的经理头上。这位员工非常紧张，连忙道歉，尴尬地站在原地，不知如何是好。而那位秃头经理只是用餐巾纸擦了擦，然后笑着对这位员工说："兄弟，酒可救不了我的秃顶啊。"听了这话，在场的所有人都笑了起来，气氛一下子就轻松了。

在一项针对 1160 名管理者的调查中显示：77% 的管理者喜欢用讲笑话的方式来打破僵局；52% 的人认为幽默有助于其开展业务；50% 的人认为企业应该考虑聘请一名"幽默顾问"来帮助员工放松；39% 的人允许员工在办公室"开怀大笑"。

著名的跨国公司，上至总裁下到一般部门经理，已经开始将幽默融入到日常的管理活动当中，并把它作为一种崭新的培训手段。

团队管理，不应当仅仅强调团队的能力和执行力，而是要营造关爱的团队文化，让员工有自主工作的动力；只有有温度的老板和有温度的团队文化，才能为队伍带来源源不断的活力，才能为企业带来可持续的发展前景。

第 7 章
有效激励：老板不要总是拼命，要让员工乐于玩命

如何让员工展现出更好的精神面貌？靠的就是有效激励。心理学家研究表明，一个人在正常状态下只能发挥其30%的能力，但如果他得到了充分的激励，那么他的能力将发挥到90%。团队也是如此，管理者如何让员工主动跑起来的确是一门高超的管理艺术。

7.1 企业需要激励哪些人

企业的发展需要来自于各方面的人才，因此进行激励前，选择适当的激励对象，是我们应该首先想的问题。这就需要考虑到激励对象在企业的表现和业绩，把握好激励资源的分配，如图 7－1 所示。

图 7－1 企业激励对象

7.1.1 激励敢于冒险的人

古时候有两个和尚，一个在寺庙中衣食无忧，一个却只能在大街上化缘。但两个人都希望去印度取经。考虑到路途遥远，两人迟迟没有出发。

一天，穷和尚终于决定要启程了，特地来向寺庙中的和尚辞行。寺庙中的和尚却对他嗤之以鼻：“你这么穷，还要去印度取经？你想过没有，印度离这里有万里之遥，你怎么去？”

穷和尚笑了笑说：“我能怎么去？我只有一个钵，一边化缘一边赶路。”

寺庙中的和尚听了哈哈大笑：“你太天真了。几年前我就想去印度了，但一想到路上困难重重，必须考虑周全才能行动，我就迟迟没有出发，我想雇一条大船，等一切准备充足以后才出发。而你居然想靠一个钵就去印度，别做白日梦了。”

穷和尚听了也不跟寺庙中的和尚争下去了，第二天就动身前往印度了。一年后，穷和尚从印度朝圣归来，取回真经，而寺庙中的和尚还在准备买大船。

戴尔·卡耐基说：“抓住机会，人的一生充满了机会。走得最远的往往是那些敢作敢为的人，四平八稳的船绝不会离开港湾太远。”

这是一种敢于尝试的精神。敢于尝试的人比畏惧不前、谨慎保守的人，更容易创造奇迹，别人不敢做的事，他们敢做，他们就会掌握先机，先发制人。

视频 17　不去要结果，就永远不知道员工的潜力有多大

扫描下方二维码观看视频，告诉你如何向员工要结果。

作为一个管理者，要为企业创造更多的效益，就要勇于尝试去做别人不敢做的领域，而这时的你需要的一定不是思维保守的员工，而是那些勇

于冒险的“闯将”。他们拥有新颖的创新理念，这些新颖的理念能不能获得广泛的认可，要看管理者有没有魄力激励他们去勇于尝试。

在企业的发展历程中，敢于创新和冒险的员工永远是企业的新鲜元素。冒险本身的确存在风险，所以管理者应该允许他们犯错。这个世界上任何人都犯过错误，不经历几次挫折获得经验教训，就难以取得大的成就。成功都是走出来的，走的时间长了，曙光自然就出现了，而且无比绚烂。聪明的管理者知道这种冒险是企业成功必须付出的代价，并勇于承担这种代价带来的后果。

7.1.2 激励果断行动的人

亿万富豪李晓华的成功经历说明，抓住机会，果断行动，更容易成功。他是中国第一个拥有法拉利轿车的人，而从一个普通工人到超级富豪，他是如何成功的呢？

1978 年，改革开放刚刚开始，李晓华就下海成了中国第一代个体户。他的第一个机遇出现在广交会上，他牢牢地把握住了。在南下广州进货的时候，偶然看到了一台作为样品的美国冷饮机。他掏出仅有的 300 元钱运回北京。他用冷饮机在盛夏的北戴河赚了十几万元，这是他挖到的第一桶金。

之后的他几乎没有放过任何一次机遇。1989 年，当时香港的房地产震荡，于是他果断投入大量资金，大批收购香港的楼宇。不到半年，正如李晓华所料，形势转好，香港房地产价格骤然之间又连续攀升，李晓华的个人财富也因此急剧上升。

犹太人有一条格言：酵母放多了面包会酸，盐放多了菜会咸，犹豫过多则会丧失赚钱和扬名的机会。

管理者要发展企业，就必须要激励那些能够抓住机会、果断行动的人才。犹豫、拖延，只能让竞争对手有机可乘，让自己失去转瞬即逝的机会。因此，企业需要果断行动的员工，因为只有他们才能为企业创造非凡的价值，让企业在竞争中节节胜利。

7.1.3 激励化繁为简的人

一位集团总裁，花费多年时间进行一项名为“追求简单”的研究，他长期观察企业员工的工作模式，探讨造成工作过量、效率低下的原因。调查结果显示，员工效率低主要是因为“缺乏焦点”，因为不清楚目标，总是浪费时间重复做同样的事情或是不必要的事情；因为浪费了太多的时间在不重要的信息上，所以遗漏了关键的信息；抓不到重点，同样一件事情必须反复沟通。

彼得·杜拉克说：“最好的管理是那种交响乐团式的管理，一个指挥可以管理250个乐手。”对企业而言，那些懂得化繁为简的员工，往往是工作中最积极高效的一批人，也是最需要企业激励的一批人。

会工作的人，常常化繁为简，将牵绊工作效率的障碍清除。在一家大公司的门口，写着这样几个字：“要简洁！所有的一切都要简洁！”这有两层意义：第一，提醒办事要简洁；第二，说明简洁是很必要的。

任何一家企业，老板真正欣赏的往往是那些懂得将工作化繁为简、快速达成工作目标的人，而非那些将简单的事情复杂化、付出大量时间却干不出成绩的人。在成功的道路上，只有那些把握效率、敢于创新的人才能率先抵达终点，收获胜利的果实，获得他人的认可。

7.1.4 激励忠于企业的人

一个大公司的总裁，计划在某地开设分公司，他打算从员工中挑选出一个人去担任分公司的总经理一职。

总裁有两个人选，一个是他的助理小贾，一个是另一个分公司的副总经理老刘。然而就能力来讲，小贾的能力获得了普遍认可，最有希望就任分公司总经理一职，而这位老刘长期在分公司担任行政副总，资历老，又是前任总裁的得力助手，但前任总裁已经退休多年了。

前任总裁虽然退休多年，但现任总裁和他依旧保持着非常友好的私人关系。一次周末，现任总裁想去看前任总裁，向他征求分公司经理人选的意见。于是他就对小贾说："如果明天有时间，我带你去看看我们公司的老总裁。"没想到，小贾却对此不以为然说："老总裁退休多年，去看他做什么呢？周末了您还是多休息吧。"

于是现任总裁只身前往老总裁的家里，老总裁听了他的看法，对他说："我不能给你什么建议，我只想说这个人一定要对公司忠诚，对企业和领导懂得感恩。"这时，老刘来到了老总裁家里拜访，正巧碰见现任总裁，场面有点尴尬，老刘和老总裁寒暄了几句，就放下礼物，告辞了。他走之后，老总裁不无感叹地说："我当总裁时，提拔过很多人，也只有老刘，还常来看我。"

这句话给了现任总裁很大的启示。几天后，总裁宣布了分公司经理的人选——出乎所有人意料，他提拔了老刘出任分公司的总经理。

企业就像航行于大海中的一艘巨轮，员工就像是水手，只有水手忠于航船，企业才能乘风破浪。管理者要对那些忠于职守、留下来的老员工给予激励，企业的竞争实力才能得到提升，企业的核心竞争力才能得以增强。与此同时，员工的潜能也能得到充分发挥，获得较好的经济利益和实现自己的人生价值，最终实现与企业的双赢。

7.1.5 激励重视团队的人

1914 年，IBM 公司成立，创始人托马斯·沃森看企业成立之初，内部风气不良，新老员工之间并没有完成协同工作，很不团结，就提出了“必须尊重每一个人”的宗旨。

沃森特别提拔了一位公司员工吉姆来解决这个问题，吉姆在公司内作风民主，非常善于团结各方面的工作，吉姆专门制订了工作礼节的自我检查手册，人手一册，随时对照检查。为检查职工是否遵守必要的礼节，他在各个基层中，任命1名或2名任期为1年的“礼节委员”。此外，无论是新老员工，都要在公司内部遵守必要的礼节，因此新老员工间的矛盾就渐渐消失了。

芥蒂没有了，吉姆开始着手准备促进公司团队间的协作，他经常召开由新老员工共同参加的会议，和他们讨论正在执行的项目，并以身作则，首先站出来帮助新员工解决问题，在他的带动下，新老员工的工作接触越来越多，也越了解彼此，团队协作的精神风气也就在这样有意的撮合下渐渐形成了。

著名心理学家荣格曾列出一个公式：I + We = Fully I。意思是说，一个人只有把自己融入到团队中，才能最大程度地实现个人价值，绽放出完美绚丽的人生。认识自己的不足，善于看到别人——尤其是别人的长处，是具有良好的团队精神的基础。

而对于管理者来说，这样的人在团队当中必不可少。这样的人有着很强烈的示范作用，可以帮助管理者引导员工开展团队合作。因此，对他们的激励，可以让员工之间产生一种长久的向心力，紧密团结在一起。说到底，对重视团队的人的激励，就是要激发员工的团队精神，使合作精神不断延续下去。

任何一家公司在实施有效激励时，都会首先考虑那些表现突出的员工，这些人身上都有着不同的特质，但归纳起来，就是他们都拥有可以从各方面扩大企业价值的能力。所以，选择那些需要激励的人给予恰当的激励，他们才能为公司发挥自己的特长，使企业团队走向强大和卓越。

7.2　激励的 8 种方法

根据员工类型不同，管理者可以运用不同的方法来激励员工。事实上，聪明的管理者每个人都有自己的一套激励办法，而管理者需要做的就是将各种办法的激励优势充分发挥出来，并将其应用到日常管理中去。一般的激励方法有以下几种，如图 7－2 所示。

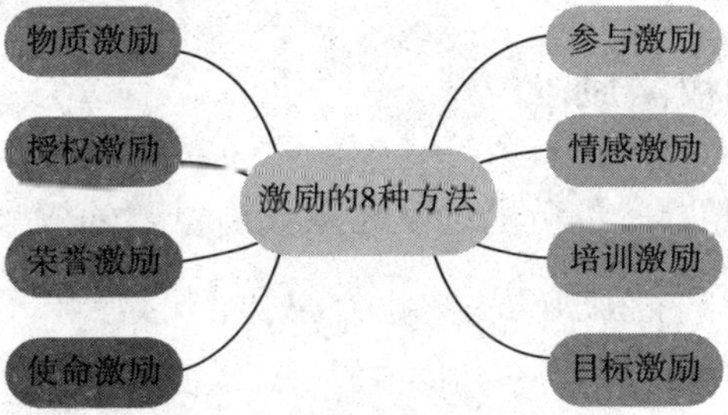

图 7－2　企业激励方法

7.2.1　物质激励

美国联合航空公司实行员工持股计划，员工的工资虽然削减了 15%，但是却拥有了公司 50% 的股票和董事会 12 个席位中的 3 个。此后不到 1 年的时间，美国联合航空公司就超越了所有竞争对手，从排名第二的美洲航空公司抢走了大量的市场份额，公司的股票上涨了一倍多。可见物质激励对于鼓舞员工起着至关重要的作用。

顾名思义，物质激励就是给予员工物质上的奖励，让他们在今后更加努力工作的激励方法。这种激励方法强调两个原则：

（1）物质激励应该与企业制度结合起来。

物质激励要按照制度实行，很多管理者在公司内部“乱发钱”，这本身就是对制度的严重破坏。物质激励的标准应该事先应制定好，并公开公布，而不能靠管理者的“一时冲动”，想起来则奖励一下，想不起来就作罢，那样是达不到激励目的的。

（2）物质激励必须公正，但也不应搞“平均主义”。

为了做到公正激励，物质激励必须对所有员工一视同仁，按统一标准奖罚，不偏不倚；必须反对“平均主义”。根据调查，实行平均奖励，奖金与工作态度的相关性只有20%，而进行差别奖励，则奖金与工作态度的相关性能够达到80%。

7.2.2 授权激励

授权激励是通过授予激励对象更高或更重要的权利，来提升激励对象的工作积极性的一种激励办法。我们常见到的晋升，就属于授权激励的范畴。

每位员工都有进取心、成就感。职位越高，掌握的资源也越多，也就可以利用手中的资源为企业创造更多的效益。对优秀的员工，可以适当给予其更高的职位，使其获得成就感，这样员工自然会投入更大的热情，调动更多资源做出更优异的成绩，可谓一举两得。

7.2.3 荣誉激励

荣誉激励是激励的一种重要方法，它主要是把工作成绩以一定的形式或名义标定下来，主要的方法是表扬、奖励、经验介绍等。荣誉可以成为不断鞭策荣誉获得者保持和发扬成绩的力量，还可以对其他人产生感召力，激发比、学、赶、超的动力，从而产生较好的激励效果。

在我们的身边随处都发生着荣誉激励的事情，比如，你是否在使用腾讯 QQ 的时候关注自己的 QQ 等级，有几颗星星，几颗月亮，几颗太阳？你是否尝试使用你的信用卡积分兑换奖品？你所在的企业是否给员工评选颁发年度的优秀员工奖励？是否在供应商大会上评选和颁发优秀供应商奖杯？

在企业内部，管理者如果能设计一套有效的荣誉激励体系，就能更好地激励员工向前冲。

7.2.4 使命激励

有人问三个正在建设教堂的工人同一个问题：你在干什么？

第一个人说："我要把砖头砌在墙上"

第二个人说："我在为上帝工作。"

第三个人说："我在建设一个净化人们心灵的场所。"

三个人的回答差异完全来源于对自己所做的工作的使命感的认识。有没有使命感，是决定他是痛苦地工作还是快乐地工作的关键因素。

使命激励，就是管理者引导激励对象认知他工作的重要性和意义，使他感觉到他所承担的工作的价值，进而使他感到使命感，促使发挥更大的潜能去工作。

使命激励的基础是员工的价值追求。如果管理者让员工感到自己工作的重要性，使他产生热情，发挥自己的能动性和创造性，高质量地完成这一工作。

7.2.5 目标激励

通过给激励对象设置一定的工作目标，激发激励对象的动机，达到调动员工的积极性的方法，称为目标激励法。目标激励法需要注意以下几个方面的内容：

（1）激励的短期化。

管理者在使用目标激励法时，要将完成目标时间的周期与激励时间缩短，最好每周有目标，周周有激励，增加即时性激励。随时准备为员工特别的表现、突出的贡献进行表扬或奖励。

（2）激励内容要丰富。

将各种目标成果细化，细化到不同方向与阶段的成果与标准，并进行一定的组合，从过程到结果，从小目标到大目标，都有激励设计，使激励无处不在，处处发力。

（3）激励要做到创新。

通过创新不同的激励手段，做到新鲜、吸引眼球，更符合团队的“口味”，挑起人的欲望与需求。每年对分配系统做一次全面变革或改进，每季度推出新的激励方案，每周都在实施激励。

（4）目标的清晰化。

设定的目标要有数据与实例依据，做到清晰明了。无论是目标数据，还是激励政策、分配制度，都要站在员工的立场，用员工的思维方式与语言去表达、描述。

7.2.6　培训激励

培训激励也成为学习发展激励，是企业向激励对象提供学习充电的机会，以促进其快速发展。同时倡导建立一个学习型团队，让员工感觉到这个企业的氛围可以让他不断地提升自己的技能，充实自己的经验，成为展示自己的平台。

7.2.7　情感激励

情感激励是通过管理者和员工之间的相互关心和爱护、相互信任和尊重形成的一种激励手段。老板与员工之间的情感连结，有助于凝聚力良好局面的形成。当然，情感激励也要注意适当，要注意场合，掌握分寸，讲究技巧，使大家都愿意敞开心扉谈工作，心情舒畅搞工作。一旦把握不准，就会发生截然相反的结果。

7.2.8　参与激励

参与激励就是让员工直接参与工作的目标确定、标准设立和措施选择的讨论决策中来，让员工成为决策者之一，从而使其产生一种自觉克服困难、努力达成工作目标的心理，进而达到让他做好工作的激励目的。

视频 18　一个出色的管理者要能引导员工赋予工作以乐趣

扫描下方二维码观看视频，告诉你如何带团队才能出业绩。

在德国 1000 人以上的企业，管理者每季度都必须书面报告企业各方面的情况给工厂委员会。委员会几乎可以对企业中所有重大的决策与举措表达看法。在工作时间、工资福利等方面，委员会还具有共同决策权，特别是当发现劳动条件的改变损害了员工的人性化需要时，可以要求企业改变或赔偿。

激励是对员工需求的满足，员工的需求是多种多样的，所以激励的途径也是多种多样的。管理者要结合企业的实际情况，选择不同的激励方法，或是多种方法同时发力，必然能达到良好的激励效果。

7.3 年终奖该怎么发

年终奖是每一个企业最常用的物质激励。但是很多管理者都会因为年终奖而头疼，发多了，企业负担不了；发少了，员工牢骚满腹，甚至会选择离职。解决好年终奖发放问题，就能促进员工的积极性和维护企业的稳定。

7.3.1 年终奖应该怎么发

在发放年终奖的过程中要注意，物质激励不能违背的三大原则：公平公正、杜绝“一刀切”、分清明暗。

企业确定年终奖，如有可能在绝对数量上要高于行业平均水平，这对提升员工对企业的满意度和忠诚度都具有很大帮助。员工对自己付出与收入的比值与其他员工的比值进行衡量，如果两者是相等的，则员工会认为公平，否则不公平。要把握好公平性这一原则，需要做好外部市场调查、科学地评价员工的绩效、公平的设计年终奖。

杜绝“一刀切”，年终奖不是人人都能领到的，企业根据员工的勤奋、懒惰，员工的贡献程度进行差别对待。优秀的要多领，合格的和不合格的都要少领，表现差的不领，这样可以有效提高员工的工作热情。

分清明暗，不少员工常常将把年终奖作为老板对自己的评价和自己在老板心目中的地位联系起来。为了避免员工因此而影响工作，很多企业规定，年终奖要严格保密，常常采取“模糊发放”方式，不公开金额。因为年终奖涉及的奖励额度往往比较大，而且发放时间又处在新旧年度交替的接口，对员工的心理影响较大。然而，这种做法似乎常常收到相反的效果：对其他员工所得数额妄加猜测，对年终奖发放的公平性表示怀疑、不满等情绪常常弥漫在企业之中。因此发放年终奖还应分清明暗。

7.3.2 困难时期，巧发年终奖

某公司刚刚成立两年，效益一直不错，没想到今年遇到了亏损，老板很着急，今年的年终奖还发不发呢，如果发了，公司账面上就没有钱了，来年怎么办？如果不发，公司刚成立两年就停发年终奖，肯定会影响士气，让员工怀疑企业是不是出现了经营困难，年后一定会出现大范围的离职。

几经权衡，老板决定年终奖还是要发，但不能像以前一样发那么多，于是，在年底的最后两个月，他开始变着花样给员工发钱：公司分别评出了最佳团队、最佳员工，老板开始给这一年中表现出色的团队和员工发放奖金福利，而不是以年终奖的方式来发放。这首先安抚了企业的骨干员工，之后，公司又在年终晚宴上举行抽奖活动，奖金从500元到10000元不等，抽奖活动让那些没有评上先进的员工也得到了奖励，大家都欢天喜地。这时，老板向大家宣布，因为今年效益不好，所以年终奖暂时不能发给大家，但是来年一定补齐。这样先礼后兵的做法，也得到了员工的理解和尊重。

单位效益不好，很多企业管理者都选择取消当年的年终奖，既没有给员工合理地解释，也不在来年补齐，年终奖的设立本为激励员工，但最终却达到了反效果，这样做的企业是无法长远的。

有调查显示，如果企业停发年终奖，并且不再补齐，有50%的人表示

会选择跳槽。而且其中包括企业的最核心员工。从调查的情况来看，这些企业不但在年终奖方面总放员工“鸽子”，而且管理者在日常管理中也存在不诚实的现象。所以，这些都是企业文化缺失所带来的连锁反应，有因必有果。

有强烈的企业文化意识的管理者，就会明白，越是在困难的时候，激励就显得越发重要。这样有利于稳定军心，向员工彰显管理者有战胜困难的决心和勇气。

如果企业没能完成年度目标，效益下降的情况下，可以采取下面两种方案：

（1）将年终奖化整为零。

管理者可以以不同的名目发放，例如对最佳团队、最佳销售，可以发放最佳团队奖、特殊贡献奖、团队伙伴奖等多种名目的奖励。这种灵活的发放方式对员工的激励效果远比发放一次性的年终奖好得多。

（2）以其他形式的企业活动代替年终奖。

例如将抽奖、旅游作为年终奖励方式。在抽奖活动、游戏互动、旅行途中，员工们可以共同交流、娱乐、饮食，分享自己的快乐，不但可以增进彼此的情感，在工作中出现的矛盾和摩擦也都可以在欢声笑语中化解，通过活动间的相互帮助，当员工回到工作状态时协作性和互助性往往也会明显增强。既增进了员工间的感情和了解，又增加了员工的见识，一举两得。

企业要想做长远打算，发好以后每年的年终奖，在经济效益欠佳时，企业不能将年终奖看作成本或是负担，关键是需要在观念上真正意识到人力资源的价值和作用，需要强化企业的人力资源管理水平。做到有备无患、未雨绸缪。

7.3.3 员工领完年终奖就跳槽，怎么办

员工领完年终奖就跳槽，这在现在的用工市场上非常常见。因为年底拿了年终奖，手里有钱，心里不慌，可以从容地选择新的目标。对于企业来说，刚刚发了年终奖，员工就跳槽，可以说是“赔了夫人又折兵”。如何规避员工拿了年终奖就跳槽，已经成为老板们要解决的一个难题。

不少企业为了避免员工拿了年终奖就跳槽，选择了将年终奖分两次发放。有的企业选择年前发一半，年后发一半，甚至有的企业选择在6月发一半，在10月发一半的做法。

这种做法虽然规避了企业的损失，但会打击员工的积极性。年终奖不在年终发放，激励意义就没有那么强，不少员工甚至会选择放弃年终奖直接走人。公司虽然避免了员工拿钱走人的情况，但还是没有解决员工流失的问题。

要解决领完年终奖就跳槽的问题，临时抱佛脚是不够的，功夫在平时：

（1）提前调查。

在年终奖发放前，人力资源部门要做好调查工作，集中调查哪些员工有离职意向，通知部门负责人予以重点关注。在年前就找好替代者，进行暗中培养。

（2）对跳槽进行分析。

员工不会无缘无故地跳槽，企业在薪资、环境、管理方面工作做得不够，都有可能导致员工跳槽，只有对症下药才能取得好的效果。有些公司可以通过努力改变的，只要去想办法。暂时实在不能改善的，要向员工说明原因。平时要将提高员工福利放在心上，在这方面做员工关系的HR要想办法。

（3）让公司更人性化。

对于一些公司的核心员工，由企业组织新春联欢会、到员工家里去拜年、慰问。有些公司会还给核心员工的家属发微信红包，而且只能打到家属的银行卡上。当这些员工提出离职时，家属、亲戚也都会站出来劝阻。

（4）让负能量者及早离开。

一个有离职意向的人，在公司内部时间越长，传播出的负能量就越大。特别是那些是团队中的核心成员，对这种人的离职意向不要拖，拖了反而影响其他人。无非就是等着公司的年终奖，可以提前支付给他，但要把条件谈清楚。

年终奖作为员工奖金的一部分，是员工薪酬所得，属于企业应该发放的范畴。优秀的管理者都会以差异化的方式有针对性地制定年终激励方案。金钱可以满足员工物质层面的需求，而不同的“发钱”方法则满足员工心理层面的需求，只有二者的完美结合，才能让年终奖产生最大的激励效果。

7.4 赞美员工，别停

赞美是我们对员工日常工作激励最常用到的方式，但我们的管理者常常陷入两个极端：一个极端是对员工完全缺乏赞美，员工在老板的嘴里似乎听到的都是批评；另一个极端是赞美员工太过，让人觉得有嘲讽之意。那么，老板如何恰到好处地赞美你的员工呢?

7.4.1 赞美员工，要走心

某大型公司的一个清洁工，本来是最不起眼、最容易被人忽视的一个，但就是这样一个人，却在一天晚上，与企图盗窃公司保险箱的小偷展开了一场搏斗。

事后，有人问他，你一个清洁工，一个月的工资也不多，犯得着这么拼命吗？但是他却说：有一次，公司的总经理从他身旁经过时，不经意对他说，打扫的真干净，你工作很认真。

大家都很吃惊，就为了这么一句简简单单的赞美，这个员工就受到了感动，豁出性命也要保护公司的财产。

中国有一句古话：“士为知己者死”，美国著名女企业家玛丽凯曾说过：“世界上有两件东西比金钱和性更为人们所需——认可与赞美。”

一切物质激励在调动员工的积极性方面，都是短暂的，经过时间的推移，如果不增加激励的额度，就会助长员工的惰性，而赞美却可以弥补物质奖励的不足。因为没有人不喜欢别人的称赞。在管理当中，赞美是唯一一种不花费成本的激励方法，对于员工来讲，管理者的认可和赞美会使他们更加积极努力地工作，真诚的认可和称赞也是对员工价值的最好认可与重视。而能真诚赞美下属的领导，能使员工们的心灵需求得到满足，也能激发他们潜在的才能。

所以，管理者不能吝惜你的鼓励与赞美。适时的认可或许会让管理者获得意想不到的收益。

管理的要求是严格和精确。但是一味的严苛往往并不会收获预期的结果，所以换一个维度去思考，或许就会发现，恰当的赞美要比冰冷的制度更有成效。

在赞美员工时，管理者也要注意几个原则，如图7－3所示。

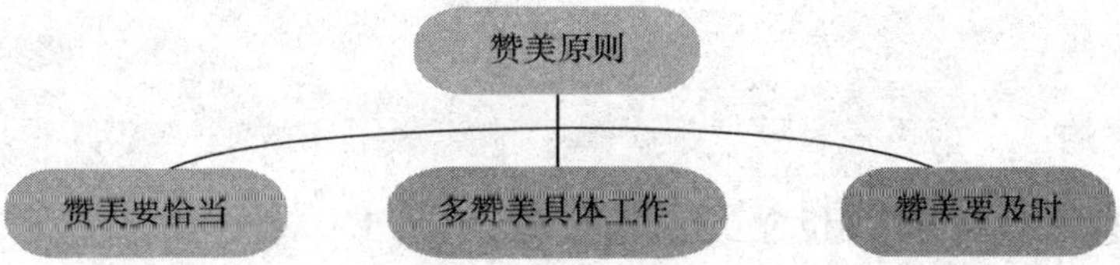

图7－3　赞美原则

（1）赞美要恰当。

恰当的赞美能够调动员工的工作积极性，能够使老板和员工之间的关系更加紧密、和谐。

例如，有一项工作只有某位员工有经验。管理者就应该积极主动地走过去，对这位员工多作鼓励，但管理者拍马屁要拍得恰到好处，不能给员工肉麻的感觉。可以从日常细节上下手，例如员工穿了一件新衣服，你第一次遇上他，你可以说："这件西装很适合你啊。""让人眼前一亮。""你真会穿衣服啊，有眼光！"

（2）多赞美员工的具体工作。

某个员工刚好成功地完成了某项任务，或者顺利出差回来，别忘了对他们说：“我没看错人，就知道你会成功的。”“你的执行力值得大家好好学习。”

这些说法听起来不虚伪，而且更加能让被赞美的员工接受。

（3）赞美一定要及时。

在员工表现出色时，管理者一定要及时给出自己的赞美，如果让赞美过夜，激励效果一定会大打折扣。

美国福克斯广播公司成立之初，急需一项重要的技术。一天深夜，一位科学家拿着一台能攻克这项技术的仪器，闯进了总裁的办公室。总裁非常高兴，考虑着该怎样奖励这位科学家。他弯下腰把办公桌的抽屉翻了个遍，总算找到了一件东西，于是躬身对那位科学家说：“这个奖给你了。”他手上拿的是一根香蕉，而这根香蕉是他能拿得出的唯一奖酬了。从那以后，福克斯广播公司的优秀员工胸前都会有一支“金香蕉”形别针，这是福克斯对为公司做出巨大贡献的员工的最高奖赏。

7.4.2 如何赞美你的员工

要如何赞美你的员工呢？如何赞美才能达到激励效果呢？作为管理者需要掌握以下几个技巧，如图 7－4 所示。

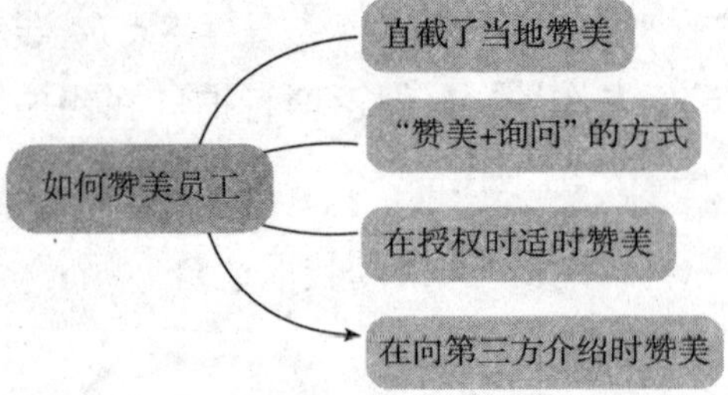

图 7－4 赞美员工方法

（1）直截了当地赞美

直截了当地赞美员工，可以让员工获得荣誉感，赞美的背后其实往往是有求于员工，而直截了当地赞美让工作上生硬的命令变成老板与员工、个人对个人的帮助。

某公司正在举行一场关于是否进行裁员的内部会议。在会上，一位经理提出来，公司没有必要裁员，而是应该采取其他方式，诸如节省办公成本、招待费用，等等。但他的这个建议并没有获得广泛的支持，公司最后还是决定裁员。

会后，这位经理把即将被裁员的员工召集起来，对他们说，和你们工作的日子，是我这辈子最开心的时光，我舍不得大家，但是，企业现在出现了严重困难，我们并不是不想留你们，因为你们对公司来说都是宝贵的财富，是我们辜负了大家的希望。你们是最棒的同事和员工，虽然公司已经最后决定，但是和你们在一起工作的日子，我们一起做过的事情，我会永远牢记，并当作我人生中的骄傲。你们放心，我一定努力，公司的补偿一定会及时发给你们。而且，被裁员的每一位，都将获得公司提供的推荐信。

台下不幸被裁员的员工们本来非常生气，但是听了经理这番话，他们也只好接受被裁员的现实，本来可能引起一场轩然大波的裁员会议，就被这位经理的两句赞美化解了。

对于管理者来说，口头赞美员工的激励效果非常大，但含蓄赞美的效果则会更好。寻求帮助和建议、将员工放在领导岗位上、忽视等级差别共同协作，所有这一切都属于发掘员工真正价值的有效途径。

（2）“赞美 + 询问”的方式。

在询问工作效率方面的问题时，管理者可以说“你工作效率一直很高，如何让别的员工向你看齐呢？这方面你有什么经验可以传授给大家的?”等这类的典型问题。而面对这类问题正确的做法应该是，通过其他途径利用到他们的技能或者见解。

（3）在授权时适时赞美。

对于管理者来说，授予员工权力时，也可以加入一定的赞美。例如，老板在授权时，可以对被授权者说：“这件事，你比较有经验，能不能找几个人，帮处理一下?”简单的一句话，会给员工带来极大的动力。管理者授权时的赞美意味着对员工技能和判断力的信任。更重要的任务、更高的隐含赞誉会更大地提高他们的自信。

（4）在向第三方介绍时赞美。

向公司以外的人赞美员工，是很多老板最容易忽视的一个赞美方法，管理者要懂得，在合作方、顾客面前赞美员工，一方面会使他们对企业充满信心，更有利于合作的开展。另一方面也让员工得到极大的心理满足，会让他们更好地服务合作方和客户。

1995 年，宝洁公司现任 CEO 雷福利还是公司海外分公司的一位总经理。在当年宝洁公司举办的一场大型活动中，公司 CEO 主动将他叫到了身边，向其他人介绍：这就是雷福利，宝洁公司的明日之星，他非常能干，很有前途。雷福利后来回忆说，正是老总裁这样的一句话，成就了今日的他。

每个人都希望得到赞美，而管理者的赞美真正体现着员工的价值。管理者对员工的赞美一定是经过认真思考的结果，是真正地认为他们是值得赞美的人，言之有物是赞美的前提，只有确切而真挚的赞美，才能真正被员工接受。

视频 19　管理者如何变被动管理为主动管理

扫描下方二维码观看视频，三招教你轻松引导团队。

7.5 大道坦途：搭好晋升这条路

作为管理者，要时常为员工提供晋升的机会。员工一旦发现你在为他的前途着想，就会加倍努力工作。另一方面，不断地晋升，也能显示出管理者非凡的工作能力与领导才能。这是一个两全其美的激励策略。你能为人才提供最佳的成功机会，人才自然就会聚集在你的手下。

7.5.1 从“相马”到“赛马”

海尔利用晋升机制，把企业变成了赛场，让每位员工参赛，提出了“变相马为赛马”的理念。

海尔的“赛马”规则包括以下几个方面：

（1）公平竞争，任人唯贤。

（2）适职适能，人尽其才。

（3）合理流动，动态管理。

对人才的任免考核讲求公平、公正、公开，决不搞“暗箱操作”。所有的员工都可以参赛，所有的岗位都是赛场，人人能升迁，而且向社会全面开放，不分年龄大小、身份贵贱、资历深浅，只要有技能、有活力、有奉献精神和创新精神，这里就是人才驰骋的赛场。

为了保持企业领导阶层的活力，海尔经常会根据员工的“赛马”业绩，选拔、吸收和提拔具有相应专业知识、管理知识和领导能力的管理人员，为企业内部不断注入新鲜血液，不断调整企业干部队伍的知识结构和年龄结构。

海尔按照“破格提拔”与“阶梯晋升”相结合的原则对员工进行提拔，即只要员工工作绩效突出，又具备相应的素质能力结构，可以胜任较高职位要求，那么员工个人就可以按照规定的步骤得到升迁和提拔。而且员工对职位的申报很简单，只需要进入公司的人才库就可以竞争上岗，在聘任之后也享有相应的待遇。

如何用晋升激励员工是门大学问，晋升后的安排设计也非常重要，是选择丰厚的报酬还是一个响亮的头衔？宽敞的办公室还是优厚的福利待遇？对于晋升，每个人都有自己的认同标准。

很多企业普遍认为，晋升就是让员工获得一个更高的职位。在一个职责划分明确的公司里，人们通常认为，扩大某人的权力和职责范围，就意味着晋升者同时得到一个更高的头衔。

比如，某公司有一位精力充沛的副经理，老板在增加他工作量的同时又给了他高级经理的头衔。但问题随之而来，这位新任的高级经理是否能胜任他的新工作？如果他挑不起这个担子，那就意味着公司又增加了一位名不副实的高级经理，那这种做法就是本末倒置。

正确的做法是，可以先扩大下属的责任范围，等到证明了他的工作实力之后再授予头衔。这样一来，周围的人也不会有任何异议，因为这个头衔的确是用能力换来的。

作为管理者，晋升下属并不是简单地给一个头衔，这是一个交付工作、承担责任的过程。所以，晋升通道的设计是否合理尤为关键。

7.5.2 晋升通道设计的 5 个关键

晋升通道建设是否科学合理，是晋升激励能否奏效的关键。概括来说，员工职业晋升通道设计中有5个关键：

（1）职位体系规划。

职业体系规划，是根据企业业务特点及战略发展对激励对象的需求，将企业所有职位进行划分，如：管理序列、营销序列、技术序列、资源序列、操作序列等，对每个职位序列进行划分不同的职位类别，力求将企业的每一个岗位都纳入到其中，如表7－1所示。

表7－1 职位划分表

序列	职位类别	岗位	备注
管理序列	经营类		
	职能类		
	生产类		
资源序列	人力资源类		
	财务管理类		
	行政类		
技术序列	工程技术类		
	工艺质量类		
	建设规划类		
营销序列	策划类		
	销售类		
	市场类		
操作序列	操作类		
	操作支持类		

（2）做好专业职类的职级设计。

专业类晋升通道分别分为五大职级，依据企业实际情况，这五大职级的每一级别还可以分为更小的级别，例如基础、普通、职业等。因此，晋升大职级的难度比较大，小级别晋升相对容易，但是在实际执行中，能够达到公司第五级的人是非常有限的，如图7－4所示。

专业通道可以分很多种类，由于工程师、产品设计师、市场专员不可

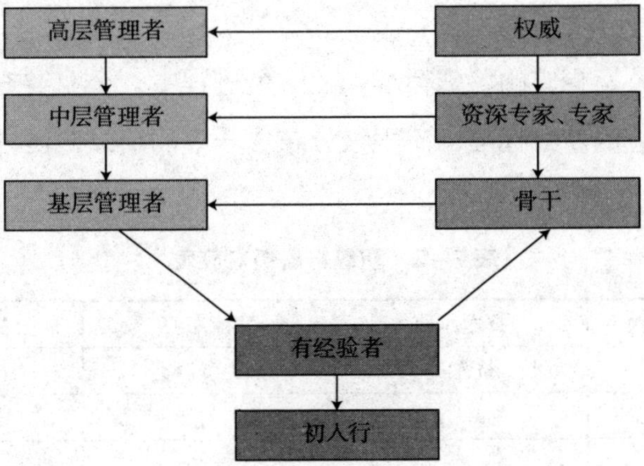

图7-4 晋升通道职级

能按照一个标准管理和晋升，所以就需要做专业的细分。

腾讯公司将其专业晋升通道分为80个左右的专业类别，但概括起来主要有以下几大类别。

T通道：技术通道，包括研发、视觉设计、交互、运营维护等子通道。

P通道：产品/项目通道，包括策划、运营、项目管理等子通道。

M通道：市场通道，包括市场、战略、网站编辑、商务拓展等子通道。

S通道：包括公司的行政、秘书、采购、法务、财务、会计、人力资源、公关等各个子通道。

职级的晋升标准主要依据的指标有工作年限、季度和年度的绩效考核。因此，晋升主要依赖于所在团队的整体考评、你个人的考评以及企业组织架构的需要。

建立这样一种由管理和专业双通道所组成的晋升系统，让员工不但从职务，还从职级上得到晋升空间，每位员工不可能都晋升到经理、总监这样的职务，但是可以不断晋升职级，达到同岗位资深、骨干职级。

（3）做好职级与薪级对应。

各职级都要有相应的薪资标准，在这个过程中，企业要充分考虑实际情况，做好相应的薪酬标准，使职级分布在合理的薪级范围内，避免出现偏差，如表 7－2 所示。

表 7－2　职级与薪级对应表

<table>
<tr><th rowspan="2">薪级</th><th>技术序列</th><th>职能序列</th><th>操作序列</th></tr>
<tr><th>技术类</th><th>人力资源类</th><th>操作类</th></tr>
<tr><td>十</td><td></td><td></td><td></td></tr>
<tr><td>九</td><td></td><td></td><td></td></tr>
<tr><td>八</td><td rowspan="2">专家</td><td></td><td></td></tr>
<tr><td>七</td><td></td><td></td></tr>
<tr><td>六</td><td>资深工程师</td><td>专家</td><td></td></tr>
<tr><td>五</td><td>高级工程师</td><td>资深专员</td><td></td></tr>
<tr><td>四</td><td>工程师</td><td>高级专员</td><td>高级技师</td></tr>
<tr><td>三</td><td>助理工程师</td><td>专员</td><td>技师</td></tr>
<tr><td>二</td><td></td><td>助理专员</td><td>助理技师</td></tr>
<tr><td>一</td><td></td><td></td><td>技工</td></tr>
</table>

（4）任职资格标准设计。

管理者对每一个职类的主要能力特征要清晰定义，在任职资格标准的主要能力特征设计过程中，要与相应部门的负责人进行充分沟通，避免“彼得陷阱”，也就是把不适合的人放在不能胜任的位置上，因此要设计出任职资格标准表，如表 7－3 所示。

表7-3 任职资格标准表

职级	职级名称	主要能力特征
五	专家	1
		2
		3
四	资深专员	1
		2
		3
三	高级专员	1
		2
		3
二	专员	1
		2
		3
一	助理专员	1
		2
		3

（5）制定职位晋升管理办法。

为了防止人员过度晋升，企业要制定相应的晋升管理办法，管理职级和专业职级之间最好留有相互转换的通道。这样可以控制高职级的数量。既为员工职业晋升发展开辟了空间通道，又能有效控制企业的员工成本，成功实现了企业与员工的双赢。

7.5.3 多给年轻人晋升机会

每一位刚进入麦当劳的年轻人，不论他具有什么文凭，一律都要从头做起：炸薯条、做汉堡、烤牛排、每天两次擦洗门窗。这也是每一个走向成功的麦当劳人的必由之路。

就年龄而言，麦当劳的经理与员工同样年轻。每个经理都要管理100

多人的中型餐厅，而他们的平均年龄仅为25岁左右。这种情况在其他公司简直是难以想象的。年轻人进入麦当劳后，首先要从事一些最基本的琐碎工作，这个过程一般持续4到6个月。此后，有才能的年轻人被晋升为一级助理，他们除了抽出一定的时间负责餐厅工作外，还要承担起如进货、排班、计划、统计等的管理工作。这样，他们可以在小范围内发挥自己的管理才能，并在日常实践中摸索并丰富自己的工作经验，进一步协调好职责内的工作。

年轻的员工富于朝气并喜欢新鲜事物，敢拼敢闯。企业可以使用能力突出的年轻人，并以持续晋升的途径来激励年轻的员工，这样不仅能使他们与企业之间产生有益的互补，还可以增强与提高企业本身的实力。

对年轻员工的晋升应遵循以下两个基本原则：

（1）称职。

一个年轻下属能否得到提升，关键看他是否适合将要从事的新职务。能够证明这一点的，唯有他在现有职务上所取得的实际工作成绩。只有胜任现有职务并确实获得成绩者，方可予以晋升。

（2）适时。

对于有较高能力的年轻员工，应该及时提拔到更为重要的岗位，让他们得以尽早地、充分地发挥才干。这样才能早出人才、快出人才。慢了、晚了是留不住人才的。

晋升激励对员工的激励是长期持续的。结合晋升通道设计、薪酬搭配、代际搭配、完善的晋升制度，这样员工的晋升之路就变得非常宽广，企业的晋升制度也会越来越成熟。

7.6 反激励获得正能量

每一个团队中都会有纸上谈兵、光说不练的员工；每一个企业都需要更优秀的人才到自己的企业中工作。针对这两种情况，一般的激励手段是无法起到效果的，这就需要激将法，刺激他们的表现欲望，让他们为自己所用。

7.6.1 用“激将法”提高员工斗志

激励的目的就是为了激发员工的斗志。钢铁大王卡耐基任用查尔斯·斯瓦伯的例子堪称经典：卡耐基钢铁厂在成立之初，产量总是上不去，于是，他高薪聘请了查尔斯·斯瓦伯出任卡耐基钢铁公司的第一任总裁。

斯瓦伯上任后，发现厂里员工工作效率不高，卡耐基钢铁厂的规模不输给美国的任何一家钢铁厂，无论是软件还是硬件，在当时的钢铁企业中都是首屈一指的，唯独这里的员工非常懒散。斯瓦伯便向厂长要来一支笔，每到晚上，他都会在车间的黑板上把产量“6 吨”写在上面，以此来说明，目前卡耐基钢铁厂的产量一直维持在 6 吨。第二天早上，前来上班的工人，看见了巨大的两个字“6 吨”，才知道是现任总裁写上去的。一开始，有人会去把字擦掉了，但是斯瓦伯仍会在当天晚上再次写上，一次次被擦掉，一次次再被写上，员工不努力，斯瓦伯也不放弃。

渐渐地，斯瓦伯发现车间的气氛变了，每天游荡在车间、行为懒散的员工不见了，大家都一声不吭地在车间干着自己的分内工作，终于有一天，斯瓦伯白天来到车间观察时发现，黑板上的“6 吨”没有被员工擦去，而是变成了“7 吨”。卡耐基钢铁产量，从那天起，便开始快速上升。

每一个人都有惰性，都爱面子，优秀员工的出现不仅因为其自身的素养和能力，也往往来源于外力的推动。在斯瓦伯的方法下，钢铁产量逐步提高。一支笔就能创造生产力，这就是激将法的魔力。

激将法是激励手段中的一种。会不会激将，体现了一个管理者水平的高低。杰克·韦尔奇说：“激励你的同仁光是靠物质刺激是不够的，必须每天不断想出新点子，来激励并挑战他们。”

管理者在确定目标后，最重要的事就是激发部下的斗志。需要强调的是，管理者在激将时，要懂得因人而异，不同的人的特点，所以使用的激将方法也不尽相同，如图 7－5 所示。

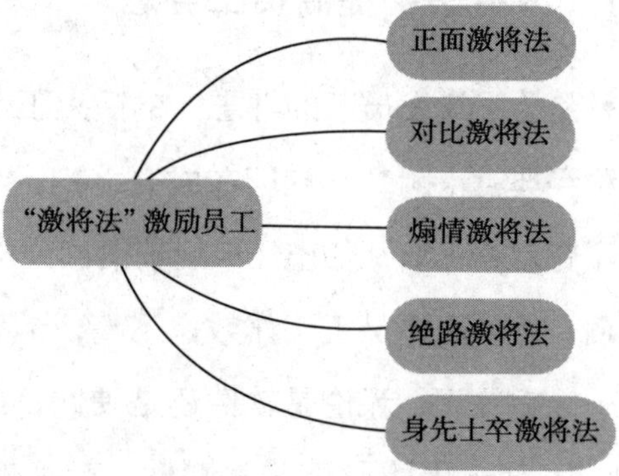

图 7－5 “激将法”激励

（1）正面激将法。

使用正面激将法要看对象是否合适，例如，很多人喜欢争强好胜，“激”就是选在这一点上；也有很多人自尊心强，一“激”就灵，例如，如果说老年人岁数大了，管理者去指责他应该放弃责任、隐退不出时，那么他就会不服气，不服老，也就会去做更多的事，这样就能一点点将他们的能量再次激发出来。

（2）对比激将法。

对比激将法是要借用与他人的对比，所形成的反差来激发员工的好胜心。用对比法激人，选择对比的对象就很重要。一般来说，最好选择被激对象比较熟悉的人，最好是各方面条件与其差不多的人。而且对比的反差越大，效果越好。

（3）煽情激将法。

煽情激将法需要用具体的有感染力的描述，用富有煽动性的语言激起人们心中的激情、热情。所用的可以是严酷的现实，也可以是轻松的愿景，不拘一格。

（4）绝路激将法。

有句话说得好，“人不逼自己一下，永远不知道自己的潜力有大。”人到了无路可退的时候，往往特别勇敢。破釜沉舟、背水一战而获全胜的例子不胜枚举。如果企业领导人懂得这个道理，在濒临绝境的时候，激励员工背水一战，也可以大获全胜。

俗话说，“置之死地而后生。”所以，一个企业管理者要想发展壮大，就要想办法让员工知道企业处于绝境。

（5）身先士卒激将法。

某企业的厂长发现必须加班才能完成某项产品的制造，于是请领班找工人来加班。领班也有难色，表示有很多困难，厂长没有再说什么。晚上厂长亲自跑到工厂加班，领班听到后，立即将厂长换下来。从此之后，加班的时候，工人们再也没有任何怨言。身先士卒，意味着这行动的本身就是一种“激将法“。

7.6.2 用“激将法”留住人才

1981年，苹果公司还是一家名不见经传的小公司，那一年，IBM推出了个人电脑，其销售额远远超过苹果公司的个人电脑。这一年的乔布斯为了打翻身仗，就去邀请百事可乐的总裁约翰·斯卡利，他当时对斯卡利说的话，至今还在商界广为流传："如果你留在百事可乐，5年后你只不过多卖了一些糖水给小孩，但到苹果公司，你可以改变整个世界。"

人才有时候需要启发，听点儿难听的话对他们来说未必是坏事。激将法之所以能够留住人才，是因为人才都有做事业的冲动和魄力。

请将不如激将。管理者如果能够正确使用激将法，将会收到意想不到的效果。乔布斯真是面对面直截了当地刺激斯卡利，把斯卡利做大事业的雄心壮志激发了出来。

某公司实行用人制度改革，中层干部可以自荐。在公司内部，技术部员工小张因为能力强，很多人都期待他能够成为技术部的带头人。然而，小张由于自认为经验不足，没有进行自荐。于是，在公司领导的暗示下，一位老员工找到他，对他说："小张，你不是名牌大学的高材生吗？大家都对你寄予厚望，没想到你这么不上进，技术部经理的位子都不敢接，真窝囊。"

小张猛然醒悟过来："是啊，我连一个部门经理都做不了，名牌大学岂不是白上了？"于是，小张激情满怀地走进领导的办公室……

用激将法留住人才，使用人才的巧妙之处在于要了解到对方不甘落后于他人的自尊心，使他产生一种超越自我，昂然屹立的念头。

我们在使用激将法时，除了注重因人而异的原则外，还要注意以下几个问题：

（1）使用激将法时，一定要掌握好分寸，既让人容易接受，又不过度刺激对方。所以在双方交流过程中，一定要使对方感觉到管理者的诚意，才能激发人的热情，调动其干劲，就肯定能收到很好的效果。激将法能够有效应用，就是因为它通过否定，激起人们对认同的渴求，从而让人去努力证明自己的价值。这种工具，就像是一把双刃剑，若是运用得不好，很可能会妨害一个人自尊心、自信心的养成。

（2）在使用激将法之前，一定要对对方的性格有所了解。激将法并不是万能的，对于那些经验老到、成熟稳重而且城府很深的人，激将法未必能发挥其作用。

（3）而对于那些自卑感太重的人来说，激将法也同样不适用，因为稍有不慎，对方就会觉得你在讽刺他，这样不但达不到目的，还会招致怨恨。

（4）还有些时候，我们会遇到这样的人：死钻牛角尖，任你说什么，他们仍然我行我素，不采纳别人的建议。这样的人也不应该轻易使用激将法，因为对于他们来说，想法的改变并不容易。面对这样的人我们更多的还是要持续保持沟通，把观点说透。

使用激将法激励员工时，一定要注意对象、环境和条件。要根据不同员工的特点，采用不同的激将方法，只有这样才能收到满意的效果，运用时要掌握分寸，欲速则不达。

7.7 榜样的力量是无穷的

学习和模仿，是人的天性。每一个员工都想出人头地，力争上游。因此，他们都具备学习和模仿的能力。企业可以将优秀的员工树立成榜样，让员工向他们学习，这虽然是一种比较普遍的激励方式，但实用性很强。优秀的榜样可以有效地改善员工的工作作风。

7.7.1 为员工设立一个榜样

每年年底，温州陶瓷城都会颁奖给几位工作表现超出职责标准的员工。陶瓷城老板说："这是我们温商的老传统了，从老一辈开始，我们都会默默地把员工所有的问题记录下来，好让主管看出到底什么地方需要改进。比如有的员工受到某些顾客不合理的要求，却只是默默地加班工作，好让顾客满意。当我们说出这几名员工的姓名，以及他们得奖的理由时，全公司的人都站起来为他们鼓掌。像这种时候，一个人在工作上的努力，才可以说是得到了真正的认同。"

那么管理者应该如何正确的实施榜样激励的步骤呢？如图 7 - 6 所示。

奖励员工的努力是很重要的，不但被奖励的员工今后会更加努力，而且没有得到奖励的人也会以该员工为榜样，改进自己的工作态度，努力地向榜样看齐。榜样的激励之所以非常有效，是因为每个人都有自尊，每个人都不肯屈居他人之下。领导者要利用员工的这种自尊心，树立起一个值

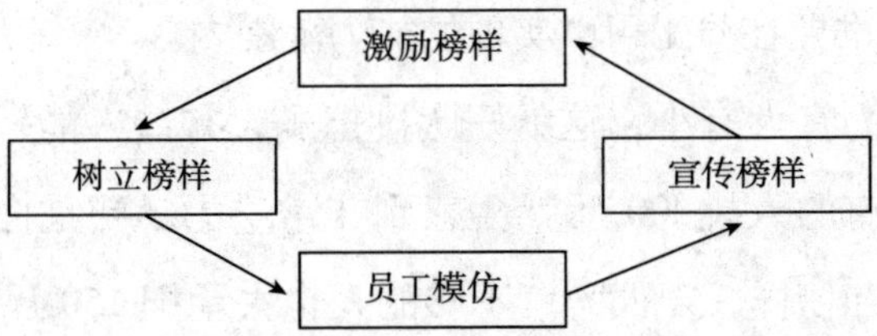

图 7－6　激励实施步骤

得员工效仿的、切实可行的榜样，这样，员工们在自尊心的驱使下，就会努力地向榜样看齐。如何恰当地设立仿效的榜样，主要有以下几点原则。

（1）加强领导者的示范作用。

有一位老板为了树立公司的良好形象，为每一位员工定做了工作证，并且严格要求员工在上班时都要带工作证，不然便要受到一定的惩罚。然而恰恰就是宣布这项决定的行政部主管，却老是忘记佩戴工作证，并且每每在这个时候，他又会利用权力之便，到负责管理工作证的同事那儿去取一枚新的工作证戴上。他这样做的结果，就是让佩戴工作证的规章制度形同虚设。

如果你想让员工成为有效的“自我领导者”，管理者自身就要先成为员工的榜样，为他们提供一个示范作用，要以生动、详细、易于理解的方式来展示“自我管理”的行为，促进下属对于你所示范过的“自我管理”的记忆，并鼓励他们以亲身体会的方式来练习这些行为，为他们提供动力，强化示范作用。

（2）示范标准要生动而具体。

通常情况下，管理者都会选择一些优秀员工作为其他员工学习的榜样，这样做在一定程度上确实能起到示范作用。但必须注意的是，被选择的榜样案例必须是生动、详细、易于理解的。

所谓的榜样人物，是在某个方面工作优秀的人，而非处处都优秀的完人。因此，选择榜样人物要有一些突出的事迹。

（3）示范标准要在员工可以实现的能力范围内。

一个人的能力有大有小，这就好比挑担子，有些人能轻松地挑起150斤重的担子，而有的人挑100斤就会感到非常吃力。要是你把能挑起150斤重担子的人树为榜样，要求力气不够的人也去承担150斤重的担子，这非但不能实现，起不到任何激励的效果，反而还会让员工有破罐子破摔的想法。

不要以最高业绩的人为榜样。因为如果实现一个榜样的业绩难度很大，那么它的激励性反而很小。在做绩效考核的时候，都会分A、B、C、D、E等，不应该让C、D、E都以A为榜样。可以操作的做法是让B以A为榜样，让C以B为榜样，让D以C为榜样，让E以D为榜样。所以，榜样任务并不一定要做到极为突出的业绩，只要一个普通员工在自己的岗位做的比其他人高，也可以被树立为其他员工的榜样。

当然，榜样标准也不能过低，过低的标准没有太大激励效果。那么，什么样的标准才是合适的呢？“跳一跳就可以够得着”就是一个合适的高度，激励的目的就是要求所有的员工要向上“跳一跳”，当员工通过自己的努力而“够得着”时，其内心的成就感就会大大加强，这样，榜样激励的效果也就达到了。

7.7.2 自己做一个榜样管理者

东芝公司董事长土光敏夫曾经听到业务员反映，公司有一笔订单，怎么也没成功，主要是因为对方的负责人员经常联系不上，业务员甚至都找到了他家里，还是扑了个空。

土光敏夫对业务员说：“不要泄气，我去试试。”

业务员听到董事长要亲自出马，吃了一惊。担心董事长不相信自己：“董事长，您不必亲自为这些琐碎的小事操心，我多跑几趟总会碰上那位负责人的。”

但是第二天，土光敏夫还是去了。他亲自来到那位负责人的办公室，人果然不在，但他并没有因此而告辞，而是坐在那里等候，到了下午，土光敏夫午饭也没吃，那位负责人终于回来了。当他看了土光敏后非常惊讶：“对不起，让您久等了。”

土光敏夫微笑地说：“贵公司生意兴隆，我应该等候。”

其实，双方的交易额不算多，但堂堂的东芝公司董事长亲自上门洽谈合作，这位负责人顿时觉得脸上有光，心情也好了，两人很快就谈成了这笔交易。

最后，这位负责人热切地握着土光敏夫的手说：“下次合作，我一定登门拜访，这次让董事长久等，实在抱歉。”

随同土光敏夫前往洽谈的业务员，深受启发。土光敏夫身体力行不仅做成了生意，还教会他在客户面前，一定要保持耐心。

管理者作为公司的灵魂人物，是全体员工观察和学习的榜样。因此，管理者一定要时刻注意自己的一言一行，身体力行为员工做出榜样。作为一个榜样人物，管理者一定要注意以下几点：

（1）把说与做结合起来。

管理者用自己的行动做给员工看，才能更有说服力。把“照我说的做”改为“照我做的做”才会真正起到表率作用，会对下属的行为产生十分深刻的影响。

（2）身教重于言教。

企业管理者不仅是原则的制定者，也是原则的执行者，是团队的旗帜和号角。管理者的行为，感染着追随者的行为。他的指向，引导着团队的方向。

万向集团董事局主席鲁冠球曾经说过：“喊破嗓子不如做出样子。”可见，作为一名企业的管理者，应该知道身教重于言教的意义。更应该知道“上行下效”的道理。

为了在员工中真正起到鼓舞、吸引、导向和榜样的作用，企业管理者应注意以下几点：

（1）要了解你的员工关心什么、需要什么，尽力满足他们的合理要求。

（2）要想赢得员工的尊重，首先要尊重员工。要懂得你的权威不在于手中的权力，而在于你的员工的信服与支持。

（3）要学会利用各种机会和方式，使员工清楚你知道他们干得好坏。

（4）做到真心喜欢所有的员工，要明白信赖导致信赖、怀疑导致怀疑。

在榜样激励的过程中，还要对企业人际关系进行维护。榜样的待遇和宣传力度，会让某些员工产生嫉妒心。管理者要维护好企业的人际关系，避免影响员工之间的正常交往。

视频 20　激励员工不用钱效果又好的两点措施

扫描下方二维码观看视频，为你解读不花钱的激励员工技巧。

第8章

进化机制:因为优秀,所以要更优秀

把一支优秀的团队带成卓越的行业领军队伍，需要完善团队进化机制，在素养、协同、培训等方方面面下功夫。没有一支团队能达到完美状态，但你的团队通过进化可以做到尽善尽美。

8.1　优秀团队的这几种特质，你的团队有吗

让团队优秀的因素包括很多方面。大部分企业在选择合作伙伴时，都会考察整个团队间的默契程度，团队的能力会影响工作的运转、执行效率。对于一个团队而言，哪些东西是最为可贵的呢？如图 8－1 所示。

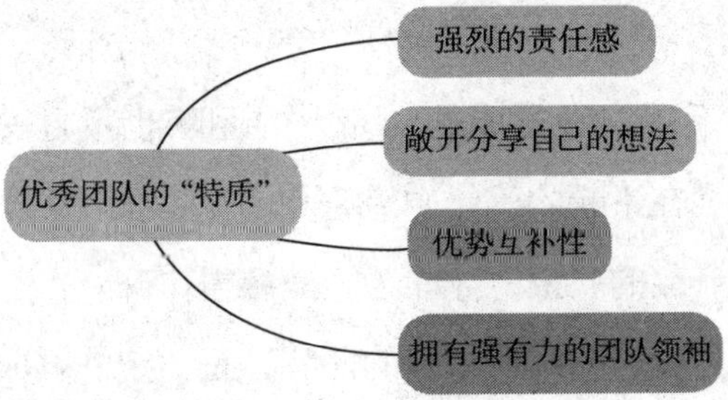

图 8－1　优秀团队特质

8.1.1　强烈的责任感

一位美国记者在日本东京的奥达克余百货公司买了一台唱片机，准备送给婆婆当见面礼物，回去后，她发现唱机无法使用，再一检查，发现没有内件，顿时觉得上当受骗了。愤怒之余，她准备写一篇揭露奥达克余虚伪应对顾客的新闻，准备第二天登报曝光。

让她没想到的是，第二天一大早，一辆汽车就开到了酒店的门口，从车上下来的是奥达克余百货公司的总经理和拎着一个大皮箱的员工。这位

美国记者来到酒店大厅，一见面百货公司的经理和那个职员就连忙道歉。

原来，昨日下午清点商品时，这位经理发现，唱片机的内件遗忘在仓库里，由于服务人员的疏忽，就给了她一件没有安装内件的产品。总经理觉得这件事非同小可，就马上召集团队人员商议。当时，百货商场只有她留下的一张美国快递公司的名片。据此百货公司展开了一场大海捞针的行动。他们打了 35 个紧急电话，向东京的各大酒店查询这位女记者的住处，都没有结果。于是，他们又把电话打到美国快递公司的总部，又从总部打听到她美国的家庭电话，通过她的父母，百货公司才知道她的住处。

于是，总经理带着那位做事疏忽了的职员将 1 台完好的唱机交给了女记者，并再次表示歉意后离去。这位女记者被百货公司的责任感深深感动了，她立即重写了新闻稿，题目就是“35 个紧急电话”。

正如罗马城不是一天建成的，伟大的团队也不是一夜之间可以建立的。顶级团队都是在不断的工作中完善自身的。而团队只有全力投入工作中以保证服务和产品的质量，才能为企业赢得口碑。

企业拥有全力投入并精益求精的团队，是一定能够成功的。

8.1.2 敞开分享自己的想法

沃尔玛集团 CEO 山姆·沃尔顿每年都会邀请员工到自己的家里做客，一起进餐。在这一过程中，沃尔顿尽可能地与众多员工聊天，员工们畅所欲言，与他平等地讨论公司的现状和未来。为保持整个团队信息渠道的通畅，他主动搜集员工的想法和意见，还经常参加沃尔玛公司的联欢会。

山姆·沃尔顿认为，一个团队应该了解各自的业务进展情况，与队员共享信息，这样可以让他们最大限度相互配合，而沃尔玛正是运用共享信息和分担责任，满足了员工的沟通与交流需求，达到了自己的目的：沃尔玛的员工拥有强烈的责任感和参与感，意识到自己的工作在公司的重要性，感觉自己得到了公司的尊重和信任，积极主动地努力争取更好的成绩。

为了激发团队活力，团队成员间需要保持交流，分享各自对于产品功能、市场和销售策略、设计解决方案等方面的想法。

很多团队之所以停止进化，其主要原因在于团队成员之间不愿意分享各自的想法，如此提升空间也就消失了。沃尔玛的例子告诉我们，信息共享和沟通，对一个团队来说是非常重要的，它是团队能够进一步提升的保证。

8.1.3 优势互补性

复星集团在建立之初，团队成员有 5 人：分别是郭广昌、梁信军、汪群斌、范伟、谈剑。这 5 个人都毕业于复旦大学，被称作“复旦五虎”。他们最大的特点就是优势互补：郭广昌处事公正，并且思维前卫，善于大胆开拓；梁信军做事认真，在产品设计上可谓一丝不苟，凡事都不马虎；汪群斌战略意识敏锐，情商智商兼具，业务操作能力强，是个领袖型的企业家；范伟平时沉默寡言，但品牌策划能力无人能及；谈剑学习能力强，财务上做得非常专业，一般的财务总监都比不过她。而且，在人际关系与业务合作上，她都很有一套。

团队的互补性，表现为团队成员之间的知识互补、专业互补、能力互补、经验互补、技术互补、性格互补，以及功能性专长、管理风格、决策风格、未来的价值分配模式等特点的互补，以此来达到团队的平衡。

团队成员之间的互补，可以提升团队的优势，加大各方面的上升空间，增强创新的基础，使思路更广，眼光更远，思维能力更强，将提升团队创新目标实现的效率。

8.1.4 拥有强有力的团队领袖

戴尔公司的崛起首先是靠创始人迈克尔·戴尔的出色领导。在互联网刚刚诞生的时候，迈克尔·戴尔就意识到，互联网将彻底改变人们的生活。于是他开始积极推动互联网的发展。

为了做好这项工作，迈克尔·戴尔安排在公司内部到处张贴大海报，海报上印了一行大字："迈克尔希望你把互联网搞通。"

戴尔还不断地在公开演讲中谈他对互联网的看法。他的远见让戴尔公司的40%的营业额通过网络下单成交，公司的多数管理制度及工具也实现了网络化。

迈克尔·戴尔的另一个特质是对产品的卓越追求，他的这个特质让整个研发团队都不得不对生产原材料严格把关，戴尔不仅对供应商的报价和产品标准细节了如指掌，还派高级管理人员不断巡视这些厂家，而且每年都要亲自到供应商的生产现场考察数次，对生产细节深究不已。

火车跑得快，全靠车头带。一个优秀的团队，除了善于管理自我以外，同样需要一个强有力的团队领袖。拿破仑说："一头狮子带领一群羚羊，可以打败一支羊带领的一群狮子。"团队领袖的力量与团队的战斗力息息相关。一个好的团队领袖手中应该有六种资源，即人、才、物、技、时、讯，其中"人"最关键。团队成员能力的培养是招商中心工作的重中之重，这就要求了领袖必须拥有专注变化的能力、强调和促进价值多元的能力、放权的能力、激励的能力和适时的干涉能力。

视频 21　管理者做到这 4 点，就能和团队从优秀到卓越

扫描下方二维码观看视频，4 招教你打造优秀的自己和团队。

有了这些能力，就可以为一个团队提供全新的视野，为团队成员创造出可以成长的空间，这才是领袖应当做的事。而对于团队来说，永远只追求一个目标：成功。只有紧紧地跟随团队领袖，贯彻团队的核心思想，团队的凝聚力才会提高，事业的成功自然水到渠成。

个优秀的团队就像一台运转良好的机器，必须有软硬件的出色协调，机器才能高速运转下去。那么，制度和环境就是整个团队的硬件，它决定了团队的起点；责任感、互补性和领袖的魅力就是团队的软件，它影响着团队的成长。没有好的硬件，团队先天发育不良；没有优秀的软件，团队则无法继续成长。

8.2 危机意识长存

低效率的团队就如一盘散沙，而高效的优秀团队，随时都在战备状态，具有较强的危机意识。一个团队如果没有了忧患意识，就是没了进化的动力，停滞不前。不敢居于人后，勇于开拓的团队，才能让企业迈向新的台阶。

8.2.1 团队需要“鲶鱼效应”

在挪威，很多人喜欢吃沙丁鱼，但奇怪的是，人们常常吃到的沙丁鱼都是死的，被渔网捞到的沙丁鱼，即便是放在精心准备的海水中，也无法存活。因为沙丁鱼的保质期很短，经过长途运输销往全球，可以食用的就更少了，很多人想了各种办法，但都不能改变这样的状况。

一次，一个渔夫想出了一个办法，它往沙丁鱼的雨槽里放了一条鲶鱼，鲶鱼是沙丁鱼的天敌，专以沙丁鱼为食。就这样，这位渔夫捕的沙丁鱼就总是能存活。

原来，把鲶鱼放到沙丁鱼中时，沙丁鱼会产生恐惧心理，就会四处游动，一直保持着高度戒备，渔夫就是用这种方法，让一条条沙丁鱼一直活蹦乱跳地进入了岸上的各人餐厅。所以，心理学家就把这样的现象总结为“鲶鱼效应”。

这个故事反映了一个法则：只有充满危机感，团队和个人才能更好地生存，一个团队没有危机感就是最大的危机。在团队中，迫在眉睫的危机或亲身体验的问题才更能让团队凝聚。因此，管理者需要培养成员对团队内外变化的高度洞察力和敏感度，让团队能预测危机，并将危机信息传达给团队的成员。

信息分享有利于建立团队的共识，激活团队变革动力以应环境的变化。很多人说，如果你想叫一只大象为你跳舞，最好的方式就是在它旁边放一把火；团队要保持活力与动力，点燃危机意识的火种也是必要的手段。

许多团队在创业之初，都是具有危机意识的，因为那时候团队的生存都是个问题，为了生存，就必须对市场环境保持高度的敏感，热衷于创新。然而，随着团队从小到大，由弱变强，特别是在取得一些成绩之后，就逐渐放松了警惕，渐渐对市场变化失去了察觉，没有了危机意识，最终被竞争对手打败。

1888 年，第一部柯达照相机上市，柯达的成功神话持续延续了上百年。

到了 20 世纪 90 年代末，这家百年老字号走到了十字路口：柯达的支柱——胶卷已经占据了市场一半的份额，但“影像数码化”的市场趋势也越来越明显。然而，柯达的团队仍然认为，要改朝换代，也不是一夕之间的事，所以，在对信息化社会企业战略转型缺乏紧迫感和危机感的前提下，柯达团队在战略上一再迟疑，最终导致柯达错失数码转型的恰当时机，一直到了 2003 年，柯达才下定决心转型，但为时已晚，如图 8 –2 所示。

没有 IBM 和微软，就没有今天的苹果公司；没有通用和奔驰，就没有今天的丰田；没有苏宁和国美，就不会有现在的京东。作为团队的管理者，要把自己的团队发展得更加强大，希望团队能长久地发展，就必须在

图 8-2　数码破产

团队中制造一种危机氛围。不仅要让团队成员感觉到海面波涛汹涌，更要让他们感觉到海底暗流涌动，要让他们时时警惕，处处小心。只有有了这种危机意识，才能调动团队成员的积极性，改进我们的工作，才能有所创新。

8.2.2　危机管理，让企业长青

百事可乐之所以能和可口可乐长期并存，并且成为国际企业，就在于他们时刻保持着危机意识。百事可乐公司CEO韦瑟鲁普担心，汽水饮料更新快，容易出现不景气，而且竞争也很激烈，如果自己的团队太过安逸，就会失去竞争优势。那么，如何来激发公司员工的工作积极性呢？韦瑟鲁普提出了他的“末日管理”理论。

韦瑟鲁普和销售部经理通过他们与可口可乐公司的营业额相比较得出，如果百事可乐的年销售营业额增长低于15%，企业就会失败，百事可乐就不复存在。这听上去有点耸人听闻，但它确实反映了市场竞争的

激烈。

这种处于竞争意识制造出来的危机立刻就成为了百事团队的奋斗方向，百事团队也由于时刻都把 15% 放在心中，永远都处于一种紧张的竞争状态。正是这些，保证了百事可乐公司能永远欣欣向荣地走向未来。

“末日管理”的道理是，在没有外界压力和危机产生的情况下，就很难做出改变。然而，聪明的管理者不会等到真正的危机爆发才去应对，而是有备无患。管理者要提早看到危机的到来，并向员工宣布，这种危机确实存在，以及一旦危机爆发时所产生的严重后果，使人人都感到危机的来临，从而使各位员工奋力为公司拼搏。

时刻保持危机意识，企业才会得到“生机”，著名酒业公司秦池在有了知名度后，一味地扩大市场，但是企业在“创高效益”的同时没有树立强烈的危机意识，没有预见到市场存在的潜在危机，在夺得中央电视台“标王”后，轰然倒塌，退出了酒业竞争舞台。所以，企业要从管理层面上，强化团队的危机意识。

（1）建立预防危机的预警系统。

要强化危机意识，团队必须具备高度灵敏、准确的预警系统。信息搜集预警系统的核心是，团队要随时搜集各方面的信息，加以分析和处理，把可能存在的隐患点找到，并及时解决。

预防危机需要重点做好以下信息的搜集与监测工作：

①随时搜集公众对产品的反馈信息，对可能引起危机的各种因素和表象进行严密地监测。

②掌握行业信息，研究和调整企业的发展战略和经营方针。

③研究竞争对手的现状，进行实力对比，做到知己知彼。

④对监测到的信息进行鉴别、分析和评估，对未来可能发生的危机类型及其危害程度做出预测，并在必要时发出危机警报。

（2）建立危机管理机构。

这是企业危机管理有效进行的保证，这不仅是处理危机时必不可少的组织环节，而且在日常危机管理中也非常重要。

危机发生之前，企业要做好危机发生时的准备工作，建立起危机管理机构，制定出危机处理工作程序，明确主管领导和成员职责。成立危机管理机构是发达国家的成功经验，是顺利处理危机、协调各方面关系的组织保障。

危机管理机构的具体组织形式，可以是独立的专职机构，也可以是一个跨部门的管理小组，还可以在企业战略管理部门设置专职人员来代替。企业可以根据自身的规模以及可能发生的危机的性质和概率灵活决定。

任何危机的出现都不是偶然的，它总是潜伏在没有危机意识的企业中。这就需要管理者和团队能够居安思危、建立预警机制，防患于未然。正如比尔·盖茨的一句名言："微软离破产永远只有 90 天。"

8.3 团队进阶的三维

平庸的团队多是单向思维，而成功的团队却拥有不同的思维方式。哈佛大学的校训之一：成功决定于思维方式。思维方式决定了团队在处理事情过程中的行动方向。就像一台崭新的轿车，要想成功上路，司机的驾驶技术尤为重要。思维方式，就是团队面对工作的技术。

8.3.1 团队的数据思维

很多管理者都懂得，企业离不开各种数据，但是一个团队是否有数据思维能力，就另当别论了。很多企业失败的原因不是因为他们缺乏数据专业知识，而仅仅是因为企业没有让数据思维成为团队成员的思考方式。

很多公司花费相当长的时间搜集信息和数据，然后最终都让它们静静地躺在角落里积攒灰尘。因此，一个团队就算搜集再多的数据也于事无补，因为这不代表团队拥有数据思维和数据分析能力。

什么叫数据思维，就是用所搜集的事实和数据说话。例如，企业每月月底要做出当月的报表，当月赚了多少钱，每个部门花了多少钱，每位员工花了多少钱，都要做成报表。用数字说话，从这些数字中就能直观地看出企业团队是正在为企业获取价值，还是获得了负债。

数据思维是不管做任何事情都用数据说话。马云讲过一句话，他说什么是企业的竞争，做企业的竞争就是把虚的东西做实，文化、价值、使命、体系全是虚的。管理者需要把这些虚的东西落到实处，用数据的方法表现出来，你的团队就会在短时间之内得到巨大的进步。

8.3.2 批判性思维

1972 年，美国心理学家艾尔芬·詹尼斯提出了“团队迷思”这一概念。

团队迷思，是形容一个团队做出不合理决策的整个过程。“团对迷思”的原定义为“一种思考模式，团队成员为了维护团队的凝聚力、追求团体和谐，而不能现实地评估其他可行办法。”1982 年，詹尼斯在探究一些历史重大事件的过程中，参照各个事件的环境、决策过程、决策结果，归纳出团队迷思的模型，如图 8－3 所示。

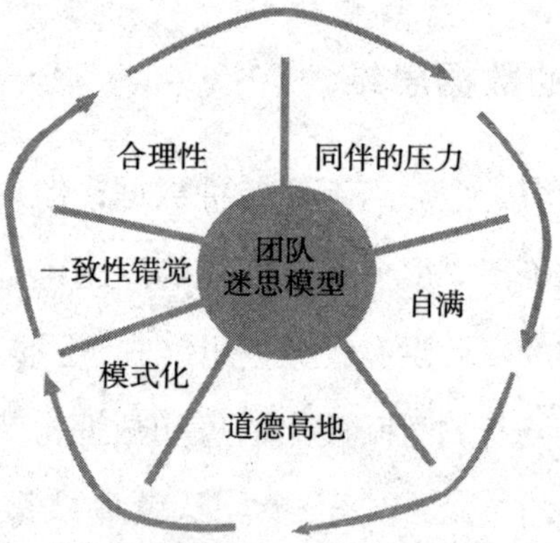

图 8－3 团队迷思模型

（1）合理性：团队成员不考虑相反例证，而是说服自己当前的决定是最好的。

（2）同伴的压力：当一个团队成员表达出相反意见时，其团队成员会联合起来对其施压，迫使反对者顺从。

（3）自满：在做出正确的决策后，团队成员开始自满，觉得他们所做出的任何决定都是正确的，于是对决定本身的讨论越来越少，导致盲目决策。

（4）道德高地：团队的每个成员都将自己视为道德楷模，从来不认为自己会做出低质量的和不道德的决策。

（5）模式化：随着团队越加成熟，思维开始固化，他们开始以固定模式看待事物，缺乏创新。

（6）一致性错觉：因为没有人站出来反对，所以团队中的每个人都觉得集团决策是一致的。

管理者带团队所面临的一个最重要挑战就是，要避免团队迷思。而为了更好地避免团队迷思，管理者必须让员工运用批判性思维去思考问题。批判性的思维方式包括：检查重要决策的基础假设是否科学，是否具有验证过程以及是否具有决策评估过程等。

除了决策过程以外，还有一些方法可以帮助我们避免团队迷思，如表 8－1 所示。

表 8－1　避免团队迷思的方法

方法	说明
头脑风暴法	由管理者主导，首先讨论模拟议题，让成员自由发挥，畅所欲言。
名义小组法	团队成员各自先不通气，请他们独立思考，要求每个人尽可能的把自己的备选方案和意见写下来。然后再按次序让团队成员一个接一个地陈述自己的方案和意见。
德尔菲方法	分别将所需解决的问题发到每个团队成员手中，征询意见，然后汇总全部意见，并整理出综合意见。

8.3.3　正向思维

一位集团的老板与集团的销售总监探讨公司的未来，销售总监详细地介绍了公司过去 5 年的发展情况：“过去 5 年，在我们的努力下，公司的营业额从 6000 多万上升到接近 2 个亿。”

但是老板却对他说，希望下一年能做到2亿5000万。销售总监面露难色："销售团队所拓展渠道的利用率已经达到饱和，这个目标实在太高了，根本无法完成。"

老板又问："什么情况下，你能做到2亿5000万?"销售总监没有经过任何思考就对老板说："这是不可能完成的任务。"

老板接着说："你先别急，思考一下，10分钟之后再回答我。"10分钟之后，老板又问销售总监："想出办法来了吗?"销售总监回答说："如果我们公司寻找代工企业，做代工，那我们就有更多的产品卖，那样的话就可以做到2亿5000万。"老板说："那为什么10分钟之前你说不可能呢?"销售总监说："办法是想出来了，可是要寻找到可靠的代工公司，短时间内是无法解决的。"

老板却对她说："我问你，是希望你学会正向思维，在没有思考之前，不要总是说不可能，更不要轻易下结论。"

正向思维是指团队在遇到困难时，会产生"解决问题"的动机和决心，并找出方法正面迎接挑战与对抗挫折。反之，负向思维就是一遇到困难，就会选择退缩。

正向思维是一种强大的力量，它不仅能够让人的心智变得坚定、积极，而且直接作用于身体使其获得心灵、身体的双重支持。习惯负向思维的人一般是首先否定自己，觉得自己不可能做到；其次是认为这次不成功，将来或者做其他事也不可能成功。

与负向思维截然不同的是，正向思维的人有实时解决问题的惊人能力。正是由于正向思维与负向思维本质上存在着很大差异，导致了员工在职场上行为的差异。不言而喻的是，行为的差异定会导致员工职场绩效的差异。

那么，如何培养团队的正向思维呢?

（1）让员工充满工作热情。

工作热情使员工的大脑处于开放状态，处于积极激活的状态，使其情绪处于“兴奋”“激情”状态。这种状态正是大脑指令的传达，并能调动员工有效而良好地朝目标“行动”。于是，能力、创造力和潜力被挖掘出来。负向思维恰好相反，它否定自我，轻视自我并放弃开发自我的努力。

（2）鼓励创新。

鼓励员工大胆说出自己的灵感，通常绝妙的观点和策略就这样随之迸发而出。员工在此过程中个人创新理念与创造能力被不断巩固强化，对不同的业务工作的适应能力也会不断得以加强，工作品质随之提升。

优秀的团队在思维方式上和其他团队有很大区别，他们往往拥有数据、批判、正向的思维模式，而那些一般的团队则往往只有固定单一的思维模式。对于管理者而言，员工的思维方式不但决定了工作的效率和质量，更决定了整个团队是否能得到积极的提升。

8.4 优秀团队是考出来的

绩效反映的是团队成员工作中所产生的成绩和成果。实行有效的绩效考核，可以帮助团队提升自己的业绩，弥补能力水平上的不足，提高员工工作的执行力和效率。

8.4.1 绩效考核的导向性

18 世纪末期，英国政府决定把犯了罪的英国人统统发配到澳洲去。受到政府雇佣运送犯人的船主为了谋取暴利，尽可能地多装人，使船上条件十分恶劣。一旦船只离开了岸，船主就能按人数拿到了政府的钱，而政府对于这些人能否能远涉重洋活着到达澳洲就不管不问了。所以有些船主为了降低费用，甚至故意断水断食。

3 年以后，英国政府发现：运往澳洲的犯人在船上的死亡率达 12 %，于是决定在每一艘船上都派一名政府官员监督，再派一名医生负责犯人和医疗卫生，同时对犯人在船上的生活标准做了硬性的规定。但是，死亡率依然没有降下来。其原因是一些船主为了贪图暴利，贿赂官员，如果官员不同流合污就会被扔到大海里喂鱼。

随后，英国政府又采取了新办法，把船主都召集起来进行教育培训，教育他们要珍惜生命，要理解去澳洲去开发是为了英国的长远大计，不要把金钱看得比生命还重要。但是，情况依然没有好转，死亡率一直居高不下。

一位英国议员认为是那些私人船主钻了制度的空子。而制度的缺陷在于政府给予船主报酬是以上船人数来计算的。他提出从改变制度开始：政府以到澳洲上岸的人数为准计算报酬，不论你在英国上船装多少人，到了澳洲上岸的时候再清点人数支付报酬，问题迎刃而解。这时，船主不仅主动请医生跟船，还在船上准备了药品，改善了生活，尽可能地让每一个上船的人都健康地到达澳洲，因为一个人就意味着一份收入。

自从实行上岸计数的办法以后，船上的死亡率降到了 1 %以下。有些运载几百人的船只经过几个月的航行竟然没有一个人死亡。

这个故事告诉我们，绩效考核的导向作用很重要，企业的绩效导向决定了员工的行为方式，如果企业认为绩效考核是惩罚员工的工具，那么员工的行为就是避免犯错，而忽视创造性。因此，就不能给企业带来战略性增长，那么企业的目标就无法达成。

如果企业的绩效考核目的是组织目标的达成，那么员工的行为就趋于与组织目标保持一致，分解组织目标，理解上级意图，并制定切实可行的计划，与经理达成绩效合作伙伴，在经理的帮助下，不断改善，最终达成组织目标。

8.4.2 通用电气的绩效考核

绩效考核是绩效管理的最重要的组成部分，它的主要内容是考评主体对照工作目标或绩效标准，采用科学的考评方法，评定员工的工作任务完成情况，员工的工作职责履行程度和员工的发展情况，并且将评定结果反馈给员工的过程。

中国企业多用的绩效考核办法是周绩效或月绩效上报。以每周或每月为时间节点，由员工上报自己这段期间做了什么，以及下一时间节点的工作任务。部门经理通过员工的绩效上报编制本部门的绩效任务。公司通过部门经理的上报对该部门及部门员工的绩效情况进行综合考核，并实行奖惩。

这种考核方式虽然广泛被采用，却缺乏灵活性和人性化。通用电气公司的人力资源管理一直被工商管理学奉为经典，而通用电气公司的绩效考核制度则是其管理典笈中的重要篇章。我们不妨看看通用电气公司是怎样考核员工的，如图 8 -4 所示。

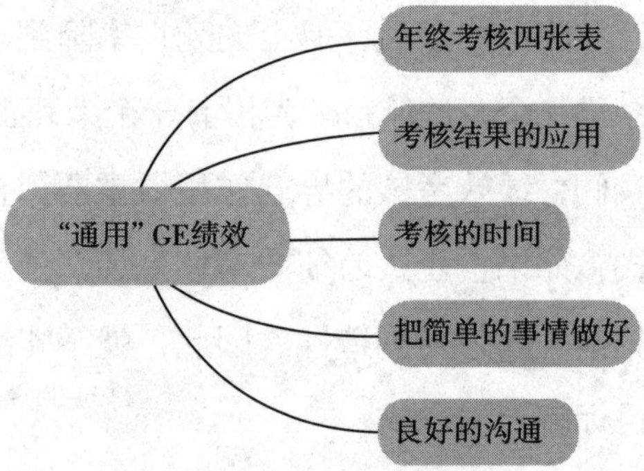

图 8 -4　通用 GE 绩效

（1）年终考核四张表。

每年的年终，通用电气公司都会给员工发四张表格。前三张是自我鉴定，其中第一张是个人学历记录；第二张是个人工作记录；第三张是对照年初设立的目标自评任务的完成情况，根据一年中的表现，取得的成绩，自己在工作中擅长的部分，以及工作当中的不足之处。

第四张是经理评价，经理在员工个人自评的基础上，参考前三张员工的自评，填写第四张表格，经理填写的评价必须与员工沟通，取得一致的意见。如果经理和员工有不同的意见，必须有足够的理由来说服对方。交流时必须用事实来证明自己的观点，不能用任何想象的理由。

（2）考核结果的应用。

考核的目的是为了发现员工的优点与不足，激励与提高员工有效地提高组织的效率；考核的结果与员工第二年的薪酬、培训、晋升、换岗等利益联系在一起。

当员工的综合考核结果非常差，即价值观和工作业绩都不好时，这种员工将被辞退；如果考评结果业绩一般、但价值观考核良好时，公司会保护员工，给员工第二次机会，包括换岗、培训等，但员工在三个月内必须提高完善自己、达到目标计划的要求。否则也将被辞退；如果员工的综合考核结果为业绩好但价值观考核一般时，员工不再受到公司的保护，公司也会辞退他；如果员工的业绩考核与价值观考核都为优秀，那他（她）就是公司的优秀员工，将会有晋升、加薪等发展的机会。

（3）考核的时间。

通用电气公司的绩效考核贯穿在工作的全年，对员工的表现给予及时的反馈，在员工表现好时及时给予表扬肯定，表现不好时及时与其沟通。

（4）把简单的事情做好。

考核方法不需要多复杂、多高深，其最终目的是能够把简单的事情做好、做到位。而这正是通用电气公司的价值观“确立一个明确、简单和从现实出发的目标，传达给所有人员”所要求的。

（5）良好的沟通。

包括各部门的上下级之间，人力资源部与其他部门之间，保证无阻碍地沟通。这样员工和经理才能得到比较全面的信息。通用电气公司的环境非常开放，员工可以很轻松地与经理甚至总裁交流。

8.4.3 绩效面谈

绩效面谈是绩效考核的一种重要方式。通过绩效面谈，企业可以实现主管和下属之间对于工作情况的沟通和确认，找出工作中的优势及不足，并制定相应的改进方案。

面谈是最直接的沟通方式，沟通程度较深，可以对某些不便公开的事情进行交流，使员工容易接受，管理者可以及时对员工提出的问题进行回答和解释，减少沟通障碍，利于员工绩效与组织绩效的有效结合。下面我们来看一个非常成功的绩效面谈案例。

王总："小刘，这两天我想就你近来的绩效考核结果和你聊一聊，你什么时候比较方便?"

小刘："王总，我星期一、二、三准备接待公司的一批重要客户，星期四以后事不多，您定吧。"

王总："我星期五也没有其他重要安排，那就星期五，上午九点怎样?"

小刘："没问题。"

星期五之前，王总认真准备了面谈可能用到的资料，他侧面向小刘的同事了解了小刘的个性，并对面谈中可能会遇到的情况作了思考。在这期间，小刘也对自己这一年的工作情况对照考核结果进行了反思，并草拟了一份工作总结和未来的发展计划。

星期五上午九点，公司小会议室，宽敞明亮，王总顺手关上了会议室的门，在会议桌头上坐下，小刘侧坐在王总右侧。

王总："小刘，今天我打算用大约一个半小时的时间对你在过去半年中的工作情况做一个回顾。在开始之前，我想还是先请你谈一谈你认为我们做绩效考核的目的是什么?"

小刘："我觉得绩效考核有利于对优秀的员工进行奖励，特别是在年底作为发放奖金的依据。不知我说的对不对，王总?"

王总："你的理解与我们做绩效考核的真正目的有些偏差，这可能主要是由于我们给大家解释得不够清楚。事实上，我们实行绩效考核，最终的目的是希望在绩效考核后，能通过绩效面谈，将员工的绩效表现——优点和差距反馈给员工，使员工了解在过去一年中工作上的得与失，以明确下一步改进的方向；也提供一个沟通的机会，使领导了解部属工作的实际情况或困难，以确定可以提供哪些帮助。”

小刘（有些不好意思）：“王总，看来我理解得有些狭隘了。”

王总（宽容地笑了笑）：“我们现在不又取得一致了吗？我们现在逐项讨论一下。你先做一下自我评价，看看我们的看法是否一致。”

小刘：“这去半年我的主要工作是领导客户服务团队为客户提供服务，但是效果不是很令人满意。我们制定了一系列的标准（双手把文件递给王总），但满意客户的数量增幅仅为 55%，距离我们 80% 的计划相去甚远。这一项我给自己‘合格’。”

王总：“事实上我觉得你们的这项举措是很值得鼓励的。虽然结果不是很理想，我想可能是由于你们没有征询客户建议的缘故，但想法和方向都没有问题。我们可以逐步完善，这项我给你‘优良’。”

小刘：“谢谢王总的鼓励，我们一定努力。”

王总：“下一个。”

小刘：“在为领导和相关人员提供数据方面，我觉得做得还是不错的。我们从未提供不正确的数据，别的部门想得到的数据我们都会送到。这一项我给自己‘优秀’。”

王总：“你们提供数据的准确性较高，这一点是值得肯定的。但我觉得还有一些有待改善的地方，比如，你们的信息有时滞后。我认为还达不到‘优秀’的等级，可以给‘优良’。你认为呢？我想总的给你的评价应该是 B +，你觉得呢?”

小刘：“谢谢，我一定会更加努力的。”

王总：“下面我们来讨论你今后需要继续保持和需要改进的地方，对此你有什么看法?”

小刘：“我觉得我最大的优点是比较富有创造性，注重对下属的人性化管理，喜欢并用心培养新人。最大的缺点是不太注重向上级及时汇报工作，缺乏有效地沟通。我今后的发展方向是做一个优秀的客服经理，培养一个坚强有力的团队，为公司创造更好的业绩。”

王总：“我觉得你还有一个长处，就是懂得如何有效授权，知人善任；但有待改进的是你在授权后缺乏有力和有效地控制。我相信，你是一个有领导潜力的年轻人，你今后一定会成为公司的中坚力量。”

小刘：“好的，谢谢王总。”

与下属进行绩效面谈时，管理者要灵活运用正面和负面反馈。正面的反馈是要让员工知道自己得到了管理者的认可。管理者的表扬一定要具体，要对员工所做的某件事有针对性地提出表扬，而不是笼统地说“你表现很好”就完事。

对于负面的反馈，要注意以下几点：一是要具体描述员工存在的不足，对事不对人，描述而不作判断。不能因为员工的某一点不足，就做出员工“如何不好”之类的感性判断；要客观、准确、不指责地描述员工行为所带来的后果，员工自然就会意识到问题的所在。

面谈结束前，管理者应制定员工改进辅导计划。一个良好的面谈应该如何进行的呢？如图 8－5 所示。

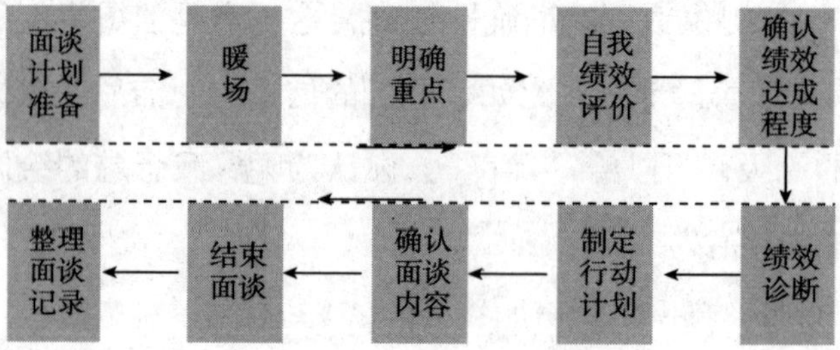

图 8－5　面谈进程

面谈结束前，管理者勿忘以下工作：首先，要帮助员工制定培训规划，与员工一起做好全面的培训规划与设计，并做好培训效果的考核，保证培训达到预期效果；其次，要做好职业辅导，帮助下属员工进行职业生涯规划，把员工自身发展的需求变为不断提高绩效的动力。

8.5　培训：让员工在行动中学习

企业有计划地对员工进行培训，有助于提升员工自主学习与工作的能力，这对于员工包括知识、技能和对工作绩效的提升起到了关键作用。在传统意义上，培训侧重于近期目标，重心放在提高员工当前工作的绩效从而开发员工的技术性技巧，以使他们掌握基本的工作知识、方法、步骤和过程。

8.5.1　在岗培训

宝洁公司每年的营业收入高达70多亿美元，在世界500强企业中名列前茅，宝洁公司能够发展到今天的原因众多，而对员工的培训是尤为重要的一点。

新员工在加入宝洁公司后，最初接受的是一个短期培训，目的是让新员工了解公司的理念、企业文化等。

其次，宝洁公司力求成为员工的终身培训课堂。在多数情况下不会以联系实际和互动教学的方式来理解。

例如，在培训销售代表时，宝洁公司会通过课堂教学的方式将专门为销售代表准备的培训内容逐一实施。其中包括沟通技巧、反对意见、拜访的基本步骤、怎样发现商店的生意机会、怎样概述生意背景、怎样阐述产品和服务的好处，怎样助销、说服性销售模式等，如此广泛的培训题材令人印象深刻，大大增强了销售代表的知识储备，令他们终身受益。

新员工进入宝洁公司，第一件要做的事就是集体封闭学习。宝洁公司把新员工集中起来培训，并将培训贯穿于整个职业发展过程。

刘巧云进入宝洁公司时，正是宝洁公司快速发展时期，她是经过一系列培训后才正式上岗的。她说，每一个宝洁公司的管理员都必须从品牌管理员这一岗位做起，包括现任以及历任的宝洁公司CEO，都是从这个岗位做起来的，宝洁公司从来没有“空降部队”。都是通过一系列培训强化自己，一步步在工作中证明自己，才得到的晋升机会，这也正是宝洁公司最有魅力之处。

在岗培训，是企业员工没有离岗，边工作边培训的一种培训形式。在岗培训首先可以大幅度地降低企业的培训成本，保证工作效率。员工的发展就是企业的发展，如果你的企业正在与激烈的市场竞争展开博弈，那么最好实行在岗培训，在岗培训在效率方面上有很强的优势。

8.5.2 全方位培训

在企业培训上，全球最大的化妆品企业欧莱雅可谓“步步为营”。欧莱雅在接纳新员工后，首先会安排为期一周的上岗培训，内容包括欧莱雅的历史、企业文化、业务概况、职能部门和组织机构等。让员工更快、更清晰地了解公司是欧莱雅坚守的一项原则，而通过最初的简单培训引导并帮助新员工快速地融入公司的文化氛围，融入团队，进入工作状态，则是欧莱雅的最终目的。

对于新进入公司的经理人员，欧莱雅的人力资源部会专门为其量身定做两周的入职定位培训，让其与所在部门的员工及其他部门的经理沟通、交流，以便在最短的时间内建立起工作关系网络。这无疑会让新人更迅速地进入角色，与其他部门开展有效的合作。

欧莱雅在北京、广州分公司招聘到新员工后，首先会在本地进行培训，然后安排他们到上海总部进行培训。公司还会组织新员工参观欧莱雅设在苏州的现代化工厂，了解公司的生产状况，让员工对企业有一个全面的认知。

在培训上，欧莱雅大手笔不断。早在1999年，欧莱雅便在新加坡建立了亚太区管理培训中心，面向亚太地区的欧莱雅员工作定期培训。显而易见，该管理培训中心的建立，主要就是向欧莱雅输出各种各样技术过硬、思想过硬、素质过硬的人才，以为欧莱雅实现卓越提供源源不断的推动力。

该管理培训中心针对亚洲市场的特点和亚太地区员工的需要，组织各类研讨会和培训课程，并按阶段派出大量优秀的员工去新加坡参加各种课程培训。欧莱雅此举的目的是让有潜质、有愿景的员工有机会接触到亚洲其他国家的优秀经理人，与他们交流、沟通，分享经验，拓展视野，提高竞争力。而员工的提升，又会毫无疑问地作用于企业本身，所以说欧莱雅步步为营的培训，实质上是自身逐步发展的一种渠道和方式。

针对不同职能、不同级别的员工，欧莱雅设计了不同的培训项目。一般而言，培训分为三个层次，分别由欧莱雅（中国）、亚太区管理发展中心与巴黎总部执行和完成。除此之外，欧莱雅还启动了FIT项目，为期两年，旨在帮助新员工更快更好地融入公司，内容包含市场和产品体验、培训及导师指导等六个方面。

一系列完满的培训制度和策略的制订、实施，让欧莱雅在市场上的“人才搏击”中总能怡然自得、高枕无忧，这是未雨绸缪的结果，更是步步为营的培训带来的直接的、最具价值的正面效应。

全方位培训是指通过多种形式的培训，满足不同类型员工和管理层的素质能力提高要求。例如，员工的集中培训、管理层的特岗培训以及海外深造等。全方位培训的目的是通过量体裁衣的培训方案，让员工在最大程度上学习工作知识和技能。

每个公司都有其自身的特点，很多企业在开展培训时习惯于追求高大上的咨询培训公司，培训内容则千篇一律，而员工在参加过类似培训后收效甚微，所以企业在培训形式上应该进行创新。根据企业内部自身的情况，创办形式多样化的培训。通常情况，企业的培训形式如图8－6所示。

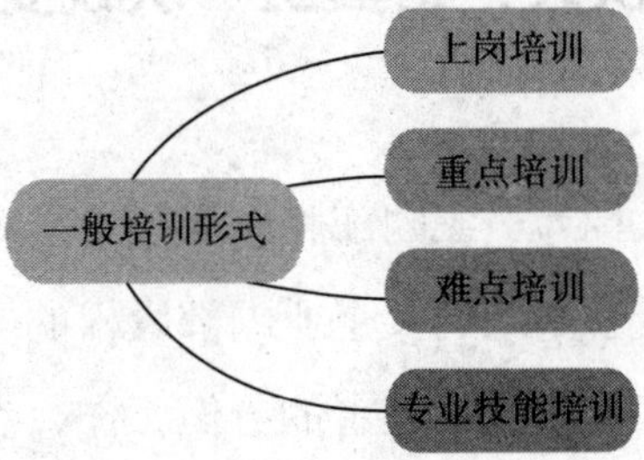

图8－6　一般培训形式

一般的培训可以采用以下几种方式：

（1）上岗培训。

在实际工作中，采用能力强的员工、老员工带新员工，进行言传身教、互助、互补的办法，真正起到传帮带的作用。

（2）重点培训。

公司的业务骨干，管理层等作为重点培训对象，根据实际的情况，分批分期的培训管理层与业务骨干，利用“实际案例模拟”“远程网络教育”的方法，全力培养公司骨干。

（3）难点培训。

根据实际业务内容，以及工作中遇到的实际难点、热点问题进行专项培训，邀请专业人士来授课，进行疑问解答，力求学以致用。

（4）专业技能培训。

培训部门根据岗位不同，着重在员工工作技能上下功夫，进行有针对性地培训。努力为企业培养出一批合格的高技能人才。

8.6 内部合伙人：给员工一次蜕变的机会

内部合伙人，也被称为员工内部股权激励，是企业内部为了对优秀团队成员进行激励，以授予员工购买企业内部股权的方式，完成其由打工者到管理者的转变。员工从此以管理者的身份工作，参与公司决策，这是团队进化机制的终极目标。

8.6.1 什么样的员工可以作为合伙人

天使投资人徐小平说，要在企业内部选拔合伙人，这个合伙人必须满足以下三个条件，如图 8-7 所示。

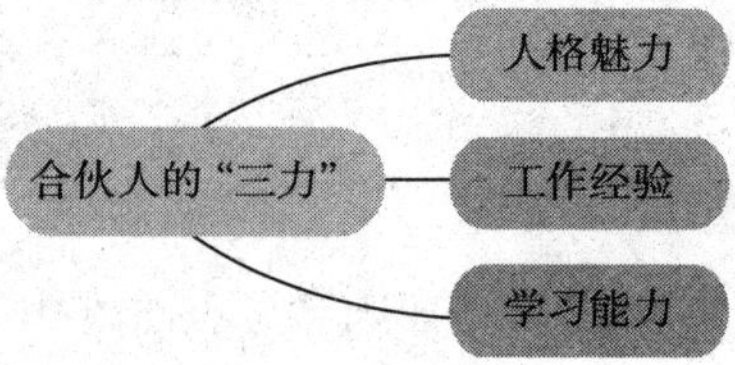

图 8-7 合伙人的“三力”

（1）人格魅力。

人格魅力是管理者一定要具备的。实际上很多天使投资，是被管理者的人格魅力吸引后，才选择投资你的。

（2）工作经验。

工作经验指的是在企业的工作年限，以及做过的成功案例。其实，相比较工作年限、学历，更重要的是工作中的成功案例。如果没有典型的成功案例，就显然没有威信和说服力，怎么能带领团队呢？

（3）学习能力。

徐小平曾经听到一则消息，华谊兄弟收购了一家游戏公司。他当时就很奇怪，电影公司为什么要收购游戏公司？但实际上这就是固化思维。而现实是让我们不得不去学习，学习新的管理理念，学习跨界思维。

徐小平把这三方面称为“三力”：学习力、工作力、影响力。所以，当一个企业要选择用股权激励来选择内部合伙人的时候，首先要符合这三个力。因此，要先看看身边有没有这样的人，然后再下决心。

8.6.2 合伙人方案：双重股权结构

在合伙人方案设计中，股权的分配，直接影响着企业整体经营结构是否稳定。因此，像华为一样的大比例的员工持股计划，并不是合伙人计划，合伙人计划在于对重点团队重点人物的培养，而非全员的福利。现行最常用的合伙人方案是“双重股权结构”方案，如图 8-8 所示。

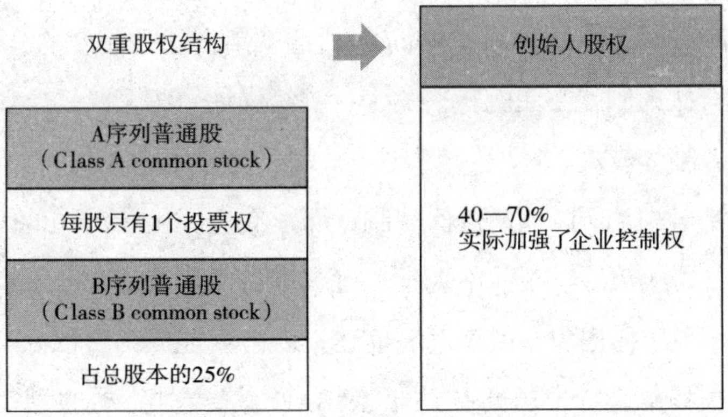

图 8-8 合伙人股权分配

双重股权结构也就是俗称的 AB 股。此前，阿里巴巴、谷歌和 Facebook 采用的都是这种制度，以确保创始人在董事会的决策地位。

就拿谷歌来说，上市前分为 A、B 两类同价股票，不过 A 股每股只有 1 票投票权，B 股不能公开交易，但每股投票权却是 A 股的 10 倍。据谷歌 2013 年年报显示，虽然 B 股只占股本约 25%，但几乎全部 B 股均由谷歌创始人持有，实际共持有 70% 以上投票权。

而根据计算，阿里巴巴“合伙人”制度的形成，使马云凭借着持有 7.4% 的阿里巴巴股权，将拥有约 43% 的投票权，马云依然把企业的决策权牢牢把控在手里。

很多企业的合伙人制度到最后为什么会分崩离析？实际上是没有对合伙人制度制定明确的企业章程：马云仅拥有阿里巴巴不到 8% 的股份却牢牢把握着公司的控制权，而黄光裕拥有国美超过 33% 的股份却差点让国美落入他人手中。为什么会出现这样的现象？重点就在于公司章程的运用，在合伙人方案设计上，一定要在公司章程中做好相应的约定，即在何种情况下，公司有权收回股份。

实际上，“双重股权结构”这种合伙人制度，国外公司早已有之。作为国内资深合伙人的 Raymond Wang，长期从事合伙人制度的分析和研究，在他的《合伙人制度及案例》一文中，曾经详细介绍了跨国企业麦肯锡公司的合伙人制度模式。

麦肯锡当初之所以选择合伙人制，而没有选择上市公司的股东制，主要是为了公司决策的客观性不受股东追求利益的干扰。在非上市公司结构下，一个员工工作出色，就有发展前途，就有可能成为合伙人。成为合伙人后，自身利益就与公司的利益紧密结合，就会对公司的利益负责。同时，麦肯锡的分红制度也比较简单：将每年公司的利润分给合伙人。而如果是上市公司，利润大多会装进股东的腰包，而不是为公司创造更多价值的合伙人。

麦肯锡非常看重内部的合作精神，为强调合伙人之间的合作，它们有一套合伙人选举制度和合伙人评估制度，评估标准中包括与他人合作的能力、培养他人的能力、更好地为客户服务的能力等。

合伙人制度，是通过选拔团队优秀成员，让优秀的员工真正站在管理者角度去工作，也让企业经营更加透明、规范。其中“共享理念”是重要的一环，要建立良性的合伙人制度，就要懂得与合伙人分享，摆脱“吃独食”的思维模式，这是企业能否转型成功的一项重要指标。